ネット暴発する部落差別

部落差別解消推進法の理念を具体化せよ

北口 末広
kitaguchi suehiro

解放出版社

はじめに

いま私たちは情報技術（ＩＴ）革命の真っただ中にいる。このＩＴ革命が第四次産業革命の中核となって、産業分野だけではなく社会のあらゆる分野を飲み込みながら社会を劇的に変えようとしている。その重要な一つが人権分野である。

一九七五年に「部落地名総鑑」差別事件が発覚したとき、ネット上に同じような被差別部落の一覧表が掲載され、いつでもどこでも誰でもネットにアクセスさえすれば閲覧できるようになる時代が来るとは想像さえしなかった。

いまから半世紀前、インターネットはかけらさえなかった。さらにＩＴ革命の最先端分野を担っている人工知能（ＡＩ）が、半世紀後に電子空間上で差別扇動の書き込みをしていると誰が予想できたであろうか。科学技術の進歩と人権を研究対象にしている私でさえ、その危険性を感じたのは四半世紀前だ。その可能性が現実の問題として迫っていることを拙著で警告したのは約一五年前である。

それがいまや部落差別事件の九九％以上がネット上で発生・発覚しているという状況にある。厳密に申し上げると膨大な差別事件は人権侵犯事件としてカウントさえされず、そのほとんどは情報収集案件にすら含まれていない。まさに私たちが現実世界で追い詰めてきた部落差別がネットで大きく息を吹き返したような状況になっている。

多くの人々の差別意識がＩＴ革命の進化の中で、拡大・増幅されてきたといえる。こうした現象は差別問題の分野だけではない。機械工学の進歩が人々の筋力を限りなく拡大・増幅してきたように、情報工学の進歩が人々の意識を限りなく拡大・増幅している。これらの積極面は、私たちの生活を著しく便利にし、大きな恩恵を与えてくれた。その一方で消極面は、情報や意識の暴走によって多くの災いをもたらした。その一つがネット上の差別や差別扇動、人権侵害の暴発であり、プライバシーの侵害や個人情報の侵害である。本書ではそれらの現状について部落差別の視点から述べるとともに詳しく分析している。

またＩＴ革命の進化は情報の伝わり方も劇的に変え、政治や戦争の在り方も大きく変えようとしている。いまやインターネットは社会の隅々まで浸透している最重要インフラであり、人間の身体でいえば神経ネットワークや血管ネットワークのようなものだ。脳から伝えられる指令も神経系統がダメになれば身体は動かないし、血管ネットワークが詰まればその先の細胞は死滅する。

例えば国際政治の最重要課題は平和である。私は何度となく「まもるべきは平和と人権、なくすべきは戦争と差別」といってきた。その戦争に電子空間やＡＩをはじめとするＩＴ革命が大きな影響を与えている。これまでの軍隊は陸軍、海軍、空軍が主力であった。しかし二〇世紀の最終段階でサイバー（電子）統合軍がいくつかの国で創設され、戦争の在り方を大きく変えている。変貌する戦争は国際政治や国内政治も大きく変えようとしている。現代では戦争の多くは情報戦であり、実際に戦闘行為に移行してからも情報の持つ意味は限りなく大きくなっている。それは自国内や敵国への情報操作だけの問題ではない。陸海空軍を効果的に戦術に組み込むためにも情報連携は極めて重要であり、そうした情報網を担っているのもＩＴ革命の成果であるＡＩやインターネットである。それだけではない。敵国の情報網に打撃を与えるだけで戦力を大きくダウンさせることもできるようになった。国家によるサイバー戦争はすでに行われている。主要機関に対するハッキングやサイバーテロはその証左である。今日、多くのハッキングがメディアで報道されているが、それらの行為が国家的な仕業であることも明らかになっている。経済や政治、社会の混乱はそれらによって容易に行われている。

以上のような時代的認識をもって部落差別撤廃に取り組まない限り、差別撤廃は前進しないと断言できる。本書が読者の方々にとっての上記のような社会状況の認識と今日的な部落差別の現実を把握する一助になれば幸いである。

第一章 今日の差別事件の特徴・傾向・背景・課題

1 ネット上の差別事件の特徴・傾向

◉差別扇動を含む過激な内容に

　具体的な部落差別事件を分析する前提は、正確な「事実認定」である。その事実の中にある差別性や問題点を明らかにし、事件の背景・原因を分析し、それらの背景を克服する課題と具体的政策や方針を立案しなければ、差別事件を克服することはできない。

　最初に簡潔に今日の差別事件の特徴と傾向を述べておきたい。今日の差別事件を五W一H（内容、関係、時間、場所、目的、態様）の視点で分析すれば、「内容」は旧来から発生・発覚しているいる差別事件を踏襲しているものに加えて、圧倒的多くは差別扇動を含む過激な内容のものに変化してきている。

また「関係」という視点では、加害者・被害者の関係が希薄なものが多く、直接的な利害関係が存在しない者による差別行為が多発している。それは「場所」という視点と密接に関わっている。今日の差別事件のほとんどは電子空間上で発生・発覚しており、電子空間の特徴をそのまま引き継いでいる差別事件が多発しているという傾向が明確である。

その意味で電子空間上の差別事件を分析することが、今日の差別事件を分析することと同義であるといえる。まさに電子空間上で多発している差別事件が、「時」、「動機・目的」、「方法・態様」という視点で捉えても差別事件の概念を大きく変えている。

まず差別行為者に関する特徴では、行為者不明の事件が多く、闇から執拗に攻撃をしてくる事件がネット上でも多発している。過去の多くの差別投書・ハガキ・落書き・電話事件等も、極めて執拗で悪質なものであり、長期間犯人不明の事件が多かったが、ネット上の事件は、それらの事件をはるかに凌駕《りょうが》する内容と件数である。

◉ネット上の差別事件の爆発的増加

ネット上の差別事件が爆発的に増加している傾向とネット上の極めて悪質な事件の分析から

いえることは、差別行為者が持つ差別意識とその意識を実際の差別行為に走らせるまでのハードルが極めて低くなっている傾向が顕著である。

ネットが普及するまでの差別事件は、差別意識とそれを表出させるエネルギーが相当な量に達するまで実行行為に移らなかったが、ネット社会では差別意識を表出させる小さなエネルギーでも実行行為に移行するようになった。それは匿名性を高める手段としてネット社会は都合がよく、そのことによって犯人不明の差別事件が増加するという傾向が進んでいるからである。これらの犯人は匿名性の保障がなければ自身の差別行為の発覚を恐れて多くの場合、実行行為には及ばなかった。それがネット環境では容易に差別行為に及ぶ。情報化の進展が差別意識や差別事件を増幅させているといえる。

またネット上に書き込まれている多くの差別的内容の記述は、差別記述に対する多くの人々の抵抗感を弱めるとともに、それらを差別だと認識できないデジタル市民を増加させている。

◉差別意識がネット空間で強化、増幅

以上の傾向がネット社会の進化とともにより顕著になっている。それは近年のネット社会の特徴と密接に関わっている。SNS（ソーシャル・ネットワーキング・サービス）の普及によっ

て、コミュニケーションの在り方も変化してきている。一般のコミュニティとは異なるソーシャルネットワークの中で、差別意識や思想が過剰になり、増幅されている現実が深化している。

インターネットが生み出したプラットフォーム（場）によって、コミュニケーションの在り方が変化してきているのである。そのキーワードは「ホモフィリー」と「エコーチェンバー」である。ホモフィリー（同類性）とは、人は同じような属性を持つ人と群れるという考えをベースに、個人を同類の他者と結びつけることを重視するソーシャルネットワークの基盤的な考え方である。エコーチェンバー（反響室）とは、考え方や価値観の似た者同士で交流し、共感し合うことにより、特定の意見や思想、価値観が、拡大・増幅・強化されて影響力をもつ現象である。差別思想がより攻撃的、扇動的になる現象である。

例えばインターネット交流サイトを運営する最大手の米フェイスブックは同類のグループにネット上の枠組みを提供する。そうした「コミュニティ」が構築されれば、その中で受け取った情報やメンバーが形成する態度、経験の相互作用によって、参加者に大きな影響を与える。つまり差別意識や差別情報、差別的な経験が、同質性に基づく閉鎖的なシステムの内部で、反復的にコミュニケーションされると強化、増幅、拡大されるという現象である。それが響き合うようにさらに増幅される作用がエコーチェンバーである。

◉AI（人工知能）も悪用されるネット環境

こうして増幅されたコミュニケーションやメッセージは同類の人々の心理や意識に大きな影響を与える。それは紛れもなく差別情報の内容がフェイク情報であっても、真実として受け止められるような意識や情報受容体質を生み出していく。

いまや偏見・差別を扇動するフェイク（虚偽）情報をＡＩ（人工知能）が書き、そのフェイク情報をＡＩがツイッターのアカウントを大量に入手し、自動で瞬時に広めることも容易にできる。さらに特定の差別助長キーワードに基づいて多くの投稿をコピーし自動で拡散していくことも可能である。

これらの情報がネットリテラシーのない多くの人々に影響を与え、差別や偏見を助長している現実が存在している。

ツイッターには差別や人権侵害、ヘイトスピーチ、暴力、誹謗《ひぼう》・中傷、フェイクニュースに関わる情報が山積している。最近になってツイッターもそれらのアカウントを凍結する方向に動いているが、日本国内では総務省の最新調査で明らかになっているように一〇代、二〇代のツイッター利用率は六〇％前後という高さになっている。まさに日々、差別助長教育が電子空間上で行われているといっても過言ではない。いま一度、部落差別解消推進法第一条に「情報化の進展に伴って部落差別に関する状況の変化が生じている」と明記されている点を重く受け止め、差別撤廃・人権確立を推進する私たちの取り組みも根本的に強化する必要があるといえる。

◉SNSの登場とともにより一層加速

こうしたSNSが持つ作用によって、差別事件の内容がより過激になり、差別扇動的な内容になるだけではなく、これまでは差別事件を起こすような人物ではなかった人々までもが容易に差別行為者になり、今日の差別事件をより深刻なものにしている。

さらに以上のような傾向は、無数の差別事件を生み出し、ネット社会そのものがホモフィリーとエコーチェンバーの作用によって、ネット上で差別事件を日々発生させているといっても過言ではない社会的状況を生み出している。

差別意識が最も活性化するのは、優越意識と被害者意識が重なったときである。一般的に差別意識が伝播《でんぱ》する場合、うわさ、デマ、流言などが重要な役割を果たしてきたが、特に社会的な偏見や差別意識に迎合する形で強調・歪曲された情報は、正確でない情報でも容易に真実だと受け止められる。被差別部落に対する偏見や差別意識があるもとでは差別的な情報のほうが抵抗なく伝播しやすいといった現象である。偏見に合致した部分的な情報やフェイク情報だけが流されることによって、差別が助長されることになっているのである。それらがSNSの登場とともにより一層拡大・加速し、若者をはじめとする多くの人々に大きな悪影響を与えている。

差別意識が強化されるときのパターンの一つにフェイク情報に基づく被差別者の「悪人」をデッチ上げ、反論しにくい雰囲気を作り上げた上で、攻撃するというものがある。こうしたことが一部のソーシャルネットワークの中で繰り返されている。かつての偏見に基づく「うわさ」、「デマ」、「流言」がそうしたソーシャルネットワークの中を駆け巡っているのである。これらの社会的風潮や傾向も差別事件の大きな背景となっている。

◉事件として発覚していない膨大な差別事件

今日の差別事件の収集・分析は、ネット上の膨大な差別文書や差別記述からみれば、極めて限られた内容のものを分析しているにすぎない。「同和」とキーワード検索をかければ限りなく差別文書や差別フェイク情報に遭遇する。これらの現実を克服するような社会的・技術的・教育的なシステムが構築されなければ、一連の発覚している差別事件や事件として取り上げられていない膨大な差別事件を克服することはできない。

電子空間上の差別事件といっても、これまでの差別事件と同様にネットに書き込んでいる現実空間の差別行為者が存在しており、紛れもなく現実空間の事件である。差別行為者の視点から見れば差別投書や落書き等の場所が変化しただけだと捉えられないこともない。ただし現実空間にいる差別行為者が現実空間のトイレや壁、ポスター等に落書きをする行為とネット上での書き込みとでは、先に指摘したように大きく異なる。ネットを通じて世界中の人々が自由に閲覧できるようになっている環境は、現実空間の差別落書き等とは全く異なる環境である。行為者にとっては差別行為は旧来と同じであり、変わったのは手書きからキーボード等に変わっただけであるが、その社会的影響は全く異なる。

◉質的に異なるネット環境を悪用した差別事件

ネット上の差別事件は、情報環境が世界を変えたように電子空間上の差別事件が差別事件の様相を変えるような状況になっていることを顕著に示している。

人権問題は社会の進歩、科学技術の進歩とともに、より高度で複雑で重大な問題になっていくといわれる。それらのより高度で複雑で重大な人権問題や差別事件に対応していく必要性が、先に紹介したように今日の差別事件の特徴からも指摘できる。

インターネット上の多種・多様な差別事件は、四半世紀前には考えられなかった質的に異なる差別事件である。このような様相も質的にも異なる差別事件に的確に対応するシステムが求められているのである。

インターネットの特色は、時間的・地理的制約がないこと、不特定多数の人が対象であること、匿名で証拠が残りにくいことである。また、情報発信や複製・再利用が容易であり、場所が不要であること等である。こうした特性を縦横に利用したインターネット環境下の差別事件に対しては、現実空間を前提としたこれまでの取り組み方では極めて不十分であり、これらの特性をふまえた新たな取り組み方が求められているのである。

2　ネット上の差別事件の差別性・問題点

◉差別撤廃に最も重大な悪影響を与える

以上の特徴・傾向をふまえた電子空間上の膨大な差別事件の第一の差別性・問題点は、これまでの差別事件の中でも差別撤廃に最も重大な悪影響を与えるという点である。この種の事件は差別落書きや差別発言と異なって、その後の差別行為の手段として悪用されることも頻繁にある。「全国部落調査」復刻版（事実上の「部落地名総鑑」）のネット上への公開行為は、これまでの差別事件を質的に変えたといえる。つまり公開された被差別部落のリストがダウンロードされたり、何度も差別を行う手段として利用されるようになっている。全国の被差別部落の克明な住所が掲載されていることによって、全国各地の差別事件や部落差別身元調査を誘発・助長することになるという重大な差別性を持つ事態になっている。差別の手段が広まることによって、安易に差別が助長されるとともに、ネットにアクセスできる不特定多数の一般市民が「部落地名総鑑」を所持することになり、部落差別調査が容易にできるようになっているのである。

第二に差別意識を活性化させ差別扇動性を持つ問題点である。全国各地の被差別部落の地名を暴露することを通じて、差別攻撃のターゲットを示すことになり、この地域が差別すべき地域であることを鮮明にして、多くの人々の差別意識を活性化し、かき立てるという扇動性を持つまでになっている。

また、部落差別を全く知らない市民にまで差別意識を植え付けるという差別性も含むものになっている。

◉差別を助長するネット上の差別事件

第三に電子空間上の差別事件を助長するという差別性や問題点である。近年の電子空間上の増加・悪質化する差別事件が、電子空間上の差別記述に対する一種の「慣れ」といった感覚を生み出し、差別に対する麻痺状態ともいえる状況を作り出している。その帰結が差別記述の増加につながっている。さらに先述したように電子空間上の差別事件を一層助長するという差別スパイラルとも呼ぶべき悪循環を加速させているのである。それだけではない。電子版「全国部落調査」差別事件のように、その差別行動に多くの人々を巻き込み、差別事件の差別性をさらに悪質化させるということができるという差別性・問題点である。こうした差別事件の場合、先に指摘したホモフィリーとエコーチェンバーの作用によって、扇動性と差別性が拡大・増幅・強化され、さらに悪化する傾向を持つといえる。

第四に差別行為者つまりネット上に被差別部落の地名リストを公開した人物は特定できても、それらに差別的書き込みを重ねている人物を特定するのが非常に難しいという問題点である。先に指摘した匿名性の問題が、事件の真相究明、事件解決、再発防止を困難にしているのである。書籍の形態であったこれまでの第一から第一〇までの「部落地名総鑑」は、原則として経済的利益を得る手段として作成されており、その売買という接点を通じて作成販売者や購入者の特定につながった。しかし電子版「全国部落調査」差別事件で書き込みを続けている犯人は経済的利害のためだけでなく、差別思想に基づく愉快犯的な様相を持っており犯人を特定するのが極めて困難である。インターネットをはじめとするＩＴ技術に関する一定の知識があれば匿名性を確保するのは容易である。

◉多くの事件は関係者特定も困難

第五に第四とも関わって、書き込みを続けている犯人だけではなく、ネット上からダウンロードした人物を特定するのも困難をともなうという問題点がある。これまでの差別事件では、例えば差別発言を聞いた人や差別落書きを発見した人がそれに同調したり、その差別に荷担しない限り差別行為者とは原則として見なしてこなかった。しかしネット上の被差別部落リストの場合、それをダウンロードすれば「部落地名総鑑」を入手したことになり、重大な差別行為につながる。これらの人たちを特定することも事件を克服する上で非常に重要なことである。それが十分にできないという問題点を持つ。さらに一度ダウンロードされた被差別部落リストは、ほぼ回収困難であり取り返しのつかない事態に結びついている。

第六に極めて重大な差別事件でありながら予防が困難であるという問題点とともに、再発する危険が極めて高いという問題点を持つ。インターネットの特徴を最大限悪用したネット上の差別事件は、一部を除いて十分な対抗措置や法的措置も取れないまま事実上放置されている状態なのである。一定の取り組みを展開している公的機関や民間機関が存在するが、「焼け石に水」状態だといっても過言ではない。

第七にこれまで指摘してきた差別性や問題点とも関わって、差別事件の規模が桁違《けたちが》いに大きいという問題点である。「部落地名総鑑」差別事件では、購入した企業等の一定の人物にしか被差別部落の所在地は分からなかった。それが電子空間上では先述したように不特定多数の人々が閲覧することができるようになっているのである。つまり差別事件が個人的な規模や組織・地域的な空間で発生していたものから、インターネットを介して全国的・世界的な規模になっているという差別性や問題点を持つようになったことである。これはネットを介した差別事件全体にいえることである。

◉差別状態が極めて長期間となり動画等も

第八に差別状態が極めて長期間持続していることも大きな問題点である。ネット上に掲載された差別文書や差別扇動文書等は、ほとんどの場合削除されてこなかった。これは極めて重大な問題であり、差別状態が半永久的に続いていることを示している。差別落書きや投書等は回収すれば差別状態は収束する。ネット上の問題として、EU（欧州連合）で問題になった「忘れられる権利」が認められたが、ネット上に掲載された多くの文書や動画・写真等は、多くの人々に「忘れられる」ことはない。日々閲覧できる状態になっているのである。膨大な数によって、正確な被害実態も明らかにできていない。こうした事態は差別状態を半永久的に存続させることになり、被差別の側が差別されている事態を把握できていないことにも直結している。被害実態を把握できなければ被害感情を持つこともなく、それらに対抗する動きを取ることもできない。しかし差別されている状態は半永久的に続くことになり、その被害は極めて甚大である。

過去の多くの被差別部落出身者に対する就職差別事件も、その被害者は自覚なき被害者であった者が圧倒的に多かった。就職差別をした企業等は、部落差別身元調査を行ったり「部落地名総鑑」等を悪用して被差別部落出身者を排除してきたが、排除された側に「被差別部落出身者であるから採用しません」と伝えることは例外を除いてほとんどなかった。被差別部落出身者にとっては内定通知が届かないだけであった。採用されない理由が部落差別に基づくものか、能力・適性に基づくものかは分からず、自覚なき被害者であった人も数多くいた。それと同様に膨大な数の書き込みを点検することは容易ではない。これらは自覚なき被害者が増大することを意味する。こうした差別状態が半永久的に続くことになっているのも電子空間上の差別事件の大きな問題点である。

第九にこれまでの差別事件とは質的に異なる動画等を用いた差別行為も可能になっているという問題点が存在する。米国等では極めて残酷な差別シーンを動画で行う行為も明らかになっている。これはさらなる臨場感をもって差別行為を行うことを意味しており、現実にも被差別部落を動画撮影し、ネット上で公開しているという事件が発生している。

以上のような差別性や問題点をふまえた取り組みが求められている。

3　ネット上の差別事件の背景と課題

◉根強い差別意識が基盤的な背景

上記のような差別性・問題点を持つ電子空間上の差別事件を克服するためには、その背景を明確にし、それらの背景を取り除いていく粘り強い取り組みが求められる。

事件背景の第一は、いまだに根強い差別意識の存在であり、それらの意識を前提とした被差別部落への忌避意識である。データは少し古いが、差別意識は同和行政に関わる「特別法」があった二〇〇〇年までの大阪府による人権問題に関する府民意識調査では、実施のたびに改善されていた。この調査は五年ごとに行われており、少しずつではあるが差別意識撤廃の方向に進んでいたのである。しかし二〇〇〇年から〇五年の変化は改善とは逆に悪化している側面があることが明らかになっている。これは二〇一五年に大阪市内で行われた電話調査でも同様の傾向があったと指摘できる。

「地名総鑑」と密接に関わる結婚に関する調査結果では、「自分の結婚相手を考えるとき、あるいは、自分の子どもの結婚相手を考えるとき、人柄以外で、あなたは何が気になりますか」

という質問に関して「相手が『同和地区出身かどうか』気になる（気になった）」と回答した人が「自分の結婚相手を考える場合」で二〇〇〇年が一八・一％、〇五年が二〇・二％、「自分の子どもの結婚相手を考える場合」で二〇〇〇年が二〇・六％、〇五年が二三・二％となっており、両方とも増加している。合計して三八・七％から四三・四％と約五ポイント増加し結婚に関わる忌避意識は確実に悪化している。

こうした逆転傾向が明らかになったのは意識調査を始めて以来のことである。これらの原因には「特別法」失効や格差拡大社会の影響、以下に紹介するネット社会の深化等が考えられる。いずれにしてもこれらの差別意識が事件の大きなバックボーンを形成している。

◉背景にネット上の差別放置状態

第二に一部の者たちによって行われている「同和バッシング」ともいわれるような影響も少なからず受けていると考えられる。部落解放運動や同和行政に関する真摯《しんし》な批判・言論はあってしかるべきであるが、最近それらの批判・言論と混然一体となった差別発言や記述が横行することによって、差別意識が安易に差別行為になっている現状がある。先に指摘したように差別意識から差別行為にいたるハードルが極めて低くなっているのである。こうした社会的風潮が事件の背景を形成し、ネット上の差別書き込みを助長している。

第三に電子空間上における事実上の差別放置状態が事件の背景を形成している。ネット上では「表現の自由」という名のもとに「差別の自由」が横行している。責任が全くないと思われるような振る舞いをするネット上の書き込みが拡大し、差別書き込みが社会的に看過されていくような傾向を持ちつつある。そうしたネットを取り巻く環境が電子空間上の差別事件の原因でもある。

第四に電子空間上をはじめとする情報にはフェイク情報が飛躍的に増加したことを指摘することができる。近年、個人もマスメディア的位置を占めるようになってきており、その代表格がSNSである。個人が発信した短文や写真・動画が、短時間に多くの人々に広がっていく。その中のフェイク情報に多くの人々は大きな影響を受けている。

ウソ、デマ、フェイク情報等が、過去に多大な不幸を多くの人々にもたらしたように差別に関わるフェイク情報の飛躍的な増加が、今日の差別事件の大きな背景を形成している。またフェイクニュースの流布において、差別を助長する予断や偏見が悪用されることも頻繁に見られる。予断や偏見はフェイクを広める触媒にもなり、フェイクが伝わるときは、社会的な偏見に迎合する形で情報が歪曲されていることが多くのケースでみられる。フェイクが差別を強化し、差別意識がフェイクを助長する現実が深化しているのである。

これらが差別事件に大きな陰を落としている。SNSで短時間に伝わるフェイク情報は、大きな影響力を持ち、「ウソが本当のように」なっているといえる。こうしたフェイクの横行がフェイクに対する罪悪感をも薄れさせ、フェイクを聞かされるほうも「慣れ」ともいえるような状況になり、本来なら極めて重要な悪行にもかかわらず、怒りさえも感じなくなっている現実が今日の差別事件の背景になっている。

◉情報環境の変化が今日の差別事件の背景に

第五に以上のような情報環境の中にあっても、情報の真偽を見極められるようなメディアリテラシー教育が不十分であるという背景が存在している。偏見や差別意識の形成・助長に大きく影響しているフェイク情報に、十分に対応できるだけの情報リテラシー教育体制が存在していないのである。

私たちは、日々様々な情報に囲まれており、その影響から逃れることはほぼ不可能である。すべての情報は何らかの操作が行われており、それらの情報に晒《さら》されている。SNSで入ってくる情報は、ほとんどの場合、情報の真偽も精査されていないものであり、どの情報が正確な情報かも一般市民にとっては分からない。メディアの概念も変わりつつある現在において、テレビ、新聞、ラジオ等の既存マスメディアに対するメディアリテラシー教育だけでなく、SNS等で個人が発信する「個人発信型マスメディア」等への情報リテラシー教育も極めて重要だと認識すべきである。こうした情報リテラシーへの理解の不十分さが多くの差別事件の背景を形成している。

第六に情報技術を悪用した情報流出事件の多発が、今日のネット上の差別事件の背景を形成しているといえる。情報流出は極めて重大な事件であるにもかかわらず、そうした事件が多発することを通じて、多くの情報流出への感度が鈍感になっていることも、今日の差別事件の重大な背景の一つである。IT革命といわれる科学技術の進歩が情報環境を大きく変え、情報が社会に与える重大さが軽視されている。一九七五年に発覚した「部落地名総鑑」差別事件は、国会でも大きく取り上げられ、時の労働大臣が一部上場企業の代表取締役社長に就職差別や「部落地名総鑑」の差別性を強く訴える直筆の文章を送付したほどであった。しかし事実上の「部落地名総鑑」である「全国部落調査」がネット上に公開されても、政界・官界・財界の取り組みは極めて弱いものであった。これらはネット時代になってからの傾向である。今日の情報漏洩や流出を事実上軽視するような情報環境がネット上の差別事件の基盤的な背景を形成している。

◉法的・教育的システムの不十分さが原因

第七に以上のような環境を放置している国をはじめとする行政機関の取り組みの弱さや怠慢が背景になっている。インターネットに関わる問題は一国だけで解決できる問題でない。しかし本来できる予防・発見・救済・支援・解決・規制等の立法措置も教育・啓発措置もはなはだしく不十分である。これらの法的未整備や教育システム、技術的な未整備が事件の重要な背景になっている。

ネット環境はメディアと同様に不特定多数の人々へ情報発信ができる。近年の一般事件で明らかになったように人を殺すことも自殺に追い込むこともできる手段になっている。無免許で車という凶器を運転しているかのようなネット環境は表現の自由を堅持しつつも一定のルールが必要といえる。

第八に今日においてもネット上に公開された「全国部落調査」や「部落地名総鑑」が利用されているという実態が存在しており、結婚時の部落差別調査が極秘裏に行われている現実が存在し、それらの差別調査を可能とする戸籍法をはじめとする社会システムが現存しているのである。つまり第六に指摘したこととも関わって、差別行為や差別扇動を禁止・規制する立法の不存在が全般的な背景を形成している。

以上の背景をふまえた課題を克服しない限り、電子空間上の差別事件も旧来から続いている差別事件も後を絶たない。

4 ネット上以外の旧来からの差別事件の傾向と背景

◉選挙公報に堂々と差別記述を掲載

一方で先に指摘したように旧来からの差別事件も発生している。それ以上に公職選挙法に基づく選挙公報に堂々と差別記述を掲載する事件まで発生している。

ネット上の差別事件以外でも、近年における差別事件の特徴として挙げられる代表に戸籍不正入手事件等がある。従来からある事件であるが、時代が進み差別撤廃が進展したといわれる反面、旧来の差別事件と同じ構図を引きずっているのも最近の差別事件の特徴である。

この間の取り組みによって差別意識の克服に向け前進している部分と旧来の意識を根強く温存している部分が並存している状況にある。時代の前進とともに根強い差別意識の部分が減少しているとはいえ、いまなお根強い差別意識をもち続けている人々の意識はほとんど変化していない。

◉忌避・排除といった差別事件も後を絶たない

その顕著な事例が結婚差別事件や戸籍不正入手事件であり、依然として発生・発覚している差別落書き、差別投書、差別電話事件等である。これらの事件は被差別部落出身者や被差別部落を忌避・排除する古くから存在する差別事件である。

旧来と同様の差別事件では、結婚差別事件のように忌避・排除といった動機・目的の差別事件が後を絶たない。戸籍不正入手事件やその先にある結婚差別事件はその典型である。結婚差別、就職差別、土地差別は多くの人々にとって人生の重要な局面での差別である。就職差別は克服に向け大きく前進したが、被差別部落出身者を忌避する典型である結婚差別や被差別部落を避けようとする不動産購入時等の土地差別は依然として根強い。

また、近年の特徴は市場原理至上主義やそこから生じる経済的格差が基盤となって、思想的傾向が差別を助長する方向に向いてきており、それらの思想的な背景を持った確信犯や愉快犯が根強く存在し、攻撃、挑発、扇動等の動機・目的でなされている差別事件が続発している。こうした事件の行為者がネット上での差別扇動を行いながら、同調者を拡大しているという面も存在する。

◉差別を温存・容認する社会システムが背景に

以上のように旧来から発生・発覚している差別事件の背景も、先に指摘した電子空間上の差別事件の背景と重なる。

第一に根強い差別意識が依然として存続している点を挙げることができる。これらの偏見に基づく差別意識は、社会システムと密接に関わっており、今日のような社会システムでは差別意識の再生産は容易になされる。

第二に格差拡大の経済情勢が大きな背景を形成している。貧富の格差は多くの統計数字からも明らかであり、こうした社会経済情勢が差別事件の大きなバックボーンを形成している。

第三に以上のような社会経済情勢のもと、平等思想とは逆に差別の強化につながるような思想が社会的に大きな影響力を持ち始めている。それらの思想にプラスして、ヘイトスピーチが多発するような今日の社会的風潮が扇動的な差別事件の背景になっている。

第四に差別を温存・容認するような社会システム上の問題を挙げることができる。ネット上で差別扇動行為が行われても、全国の被差別部落の住所が克明に掲載されても、厳正な法的措置をはじめとする社会的対応ができない社会システム上の背景が極めて重要な背景として存在している。

旧来からの差別事件である戸籍不正入手事件に代表されるように現在の戸籍制度の個人情報保護の観点からみた自己情報コントロール権の未整備をはじめとする多くの制度的な問題が背景になっている。

端的にいえば「部落地名総鑑」から四〇年以上が経た今日においても、「部落地名総鑑」の作成・販売ですら法令違反にならない現実が存在しているのである。「全国部落調査」差別事件はその典型である。このような社会制度上の問題が今日においても差別事件の大きな背景を形成している。

上記の背景にプラスして、先に示した「電子空間上の差別事件の背景」も旧来からの差別事件の重大な背景を構成している。

これらの差別事件の特徴や背景をふまえた取り組みが厳正になされない限り旧来からの差別事件も克服することはできない。

特に経済格差拡大による社会的不満の鬱積《うっせき》が弱者や被差別者に向き、差別意識を増幅するネット上の差別情報等が渾然一体となって重なれば、差別意識の爆発的現象が生まれても不思議ではない。そうしたことを防止し、差別事件への取り組みによって部落差別撤廃を前進させるためには、以下に示すように部落差別解消推進法を活用した強力な取り組みが求められている。

第二章 土地差別調査事件が示す今日の部落差別

1　土地差別調査事件が示す差別の実相

◉人生の重大な節目で差別が

前章で紹介した電子空間上の差別事件とともに、経済的利害と絡んだ企業による差別事件も後を絶たない。その顕著な事例として土地差別調査事件を紹介しておきたい。一九七五年に「部落地名総鑑」差別事件が発覚してから三四年目の二〇〇九年、企業による重大な差別事件が再び発覚した。それが土地差別調査事件である。

部落差別の根強さを感じずにはいられない事件であった。部落差別の現実を表現するとき慣用句のように「厳しい部落差別の現実」という表現をするのは必ずしも正確でない。なぜなら部落差別の実相は時代とともに確実に変化しているからである。これまで「方針は現実から与えられる」といってきたが、現実を正確に捉えることは、何にも増して重要なことだからである。慣用句のように表現することが、部落差別の現実を正確に捉えるためのマイナスになるのではないかと危惧している。

しかし土地差別調査事件に遭遇して、「部落差別の根強さ」という表現が最も適切であるといえる。

私たちの人生で重大な節目は、どこに就職するか、誰と結婚するか、どこに住むかということである。また不動産購入は多くの人々にとって、人生の中で最も高額な買い物であり、生活の場所を決める重要事項である。その重大な節目に部落差別は厳然と存在してきた。就職差別、結婚差別、そして本章で紹介する不動産に関わる土地差別である。

この事件に関与していたのは三つの業界である。第一にマンションなどの建設予定地周辺の立地条件を調査する「マーケティングリサーチ会社」、第二に不動産の新聞折り込み広告などをつくる「広告代理店」、第三に実際にマンションを建設する「ディベロッパー（開発業者）」である。

多くの場合、広告代理店が中心となって、マーケティングリサーチ会社に建設候補地周辺の調査を依頼し、リサーチ会社が報告書にまとめ、その報告書を広告代理店が自社の表紙に変えて、無償でディベロッパーに提案するというのが基本構図である。

◉広告代理店をはじめ三業界が事件に関与

なぜディベロッパーから依頼も受けていない広告代理店が、マンション建設を無償でディベロッパーに提案するのか疑問に思う読者もいるだろう。それは実際に提案したマンション建設が具体化した場合、広告代理店にマンション建設費の五％程度が、広告料として支払われる広告代理業務の契約に結びつくからである。例えば建設費が四〇億円のマンション建設であれば、広告代理業務として二億円程度の仕事に結びつくことになる。

これらの基本構図以外にもディベロッパーが広告代理店に依頼し、その依頼を受けて代理店がリサーチ会社に調査を依頼するケースもあった。

つまり、土地差別報告書を作成したリサーチ会社、それを利用した広告代理店、ディベロッパーの「共犯」ということになる。ただし、もう一人重大な関係者がいることを忘れてはならない。それは被差別部落に偏見・忌避意識をもつマンション購入予定者（エンドユーザー）としての一般市民である。

人のバックグラウンド（背景・身元）を偏見に基づいて調べるのが差別身元調査であるなら、土地のバックグラウンドを偏見に基づいて調べていたのが、土地差別調査であり、土地の「差別身元調査」事件ともいえる。土地に基づく差別である部落差別の根源に関わる差別事件である。

以上の事件の根幹である「報告書」には、「立地特性」などの項目として、「指定地域」「解放会館などが目立ち敬遠されるエリア」「地域の名前だけで敬遠する人が多い」「地域下位地域」「不人気地域」「低位エリア」などと被差別部落が表記されていた。

さらに被差別部落を地図上で示し「一部問題がある地域（○○一～二丁目）」、被差別部落の地名を上げ「具体的には○○町で、旧○○部落があり、市営改良住宅化されている。解放会館などアイテムも揃っている」といった表現や、行政による同和地区指定のない、被差別部落についても「要注意地区」として低評価をつけているもの、校区を調べた上で「率直に同和問題に関わってくる地域」などの表現を用いて、直接間接を問わず一定の地域を問題のある被差別部落であるということを明示している。

◉差別に対しては鈍感な企業体質

また被差別部落だけではなく、「特殊な地域性」「……半島系住民が多い」などの表現を用いて、在日コリアンなどが集住している地域を表現し、「地域イメージが低い」「学校評価最も低い」などの評価とセットで表示されている。

これらの報告書がリサーチ会社では常態化し、それらの報告書を受け取っていた広告代理店やディベロッパーにおいても、一部気づいていた社員もいたが、多くの場合、差別であるとの認識もなかった。これらの事実は極めて深刻な事態である。多くの広告代理店やディベロッパーの事情聴取から明らかになった「無関心でした」「関係がなくて見ていませんでした」との証言は、差別問題に取り組まず、差別的な世間に追随した顕著な姿であるといえる。

差別問題解決の出発点は、差別状態が差別であると認識されることから始まる。これは部落差別だけではなく、全ての差別についていえることである。「知られない人権侵害は解決されない」といわれるが、「認識されない差別も撤廃されない」のである。利益を上げることには敏感でも、差別に対しては鈍感な企業体質が明確に浮き彫りになった事件である。差別に荷担しながら差別に無関心な企業が、差別的な世間・社会を維持する原動力であることを顕著に示した差別事件であった。

企業は人々のもつ多様な欲求に応えることを通じて利益を上げる。マズローが欲求階層説で述べているように人々の生理的欲求、安全の欲求、所属と愛の欲求、承認の欲求、自己実現欲求などに応えることを通して、企業は社会に貢献し利益を上げる。しかし人々の欲求の中には邪悪な欲求も存在する。他人の人権を侵害する欲求はその最たるものであり、人々の差別欲求は許されてはならない。

いうまでもないが、それらの邪悪な欲求に応えることで金儲けをすることは正当な営業活動とはいえない。差別と利潤追求を天秤にかけてはいけないのである。それらは自明のことだが、今日の企業に要請されている社会的責任（CSR）やコンプライアンスからもいえる。企業には営業の自由が保障されているからこそ、合法性、倫理性、人権性、公式性、公開制を遵守《じゅんしゅ》する責任が存在するのである。まさに自由と責任は一体なのである。

◉背景・原因を克服するためのシステムを

私たちは差別事件が発生・発覚すれば、別項で紹介したように事件の内容を整理・確認し、それらの事件の問題点・差別性、背景・原因、課題を分析し明らかにしていく。その上で課題を政策化し、背景・原因を克服するための制度やシステムを求めてきた。

今回の土地差別調査事件も同様である。判明した事実からも多くの問題点を指摘することができる。

まず第一に、リサーチ会社が、被差別部落をはじめとする一定の地域を差別視し、上記に示したように差別的呼称で明記している点である。

第二に、広告代理店やディベロッパーが、これらの差別報告書を無批判に受け取り、営利のために利用し、結果として差別を助長している点である。

第三に、そうした明確な差別行為が企業活動の中で、長年にわたって行われてきたにもかかわらず自浄作用がなかった点である。私たちの詳細な調査に基づく問題提起がなければ、今日においても同様のことが行われていたといえる。

第四に、極めて公共性の高い業界である広告代理店が中心的に関わっていた点である。メディア企業と親密な関係にあるだけでなく、大手メディア企業の一〇〇%子会社である広告代理店も深く関与していた事実が判明している。これら公共性の強い企業において部落問題をはじめとする差別問題が十分に認識されていなかった点である。

第五に、これらの企業の差別行為に対して、私たちが問題提起をしていなければ、その他の機関が指摘・検証することすらできなかった点である。広告代理店やディベロッパーには歴史のある業界団体が存在し監督官庁も存在する。それらの機関が問題を発見し、警鐘を鳴らすような制度と法をはじめとするシステムができていなかった点である。

第六に、これらの業界に対して間接的・直接的に、あるいは陰に陽に差別的な視点で要望を求めてきた一般市民・エンドユーザーがいまだ根強く存在するという点である。被差別部落の近くに住みたくない、同じ学校に行きたくない、部落出身者に間違われたくない、などといった一般市民の差別的要望に業界が無批判に同調し、ときには積極的に対応していた状況が存在していたのである。

第七に、このような問題点・差別性をもつ差別営業行為を通じて土地差別を助長した点である。

◉差別意識が土地価格に直結している

以上の問題点・差別性に対応した背景・原因を明らかにし克服のための強力な取り組みがない限り、土地差別調査事件は形を変えて根強く存在し続けることになる。

一部大都市で形成されている教育、地域、階層のトライアングルと差別意識が合体すれば、さらに強固なものになるだろう。それは部落差別がトライアングルの一角である土地・地域に関わる差別だからである。また教育と階層にも強い相関があることは、多くの人が認めるところである。

差別意識が経済に端的に現れるのが土地価格であり、人が住みたくないところは経済的価値が下がり、人が住みたいところが上がるのは今日の経済原理である。そして価格の低いところは低所得者が流入し、経済的に浮上した層はそこから流出していく。これも日常的な光景である。これが被差別部落をいつまでも低位な状態においている悪循環であり、今日の実態なのである。このようなシステムや悪循環を助長しているのが土地差別調査事件なのである。これらのシステムや悪循環を断ち切る差別撤廃システムが求められているのである。それが土地差別調査事件が明確にした差別撤廃の課題である。

2 現代のオールロマンス事件

◉根本的原因は何か

なぜこのような事件が、二一世紀に入って九年目を迎えた二〇〇九年においても発生したのか。その根本的原因について掘り下げて考えてみたい。

まず土地調査を専門にしているマーケティングリサーチ会社は、なぜ土地差別調査を行ったのか。それは多くの場合、マンション建設を計画した企業からの依頼であり、依頼企業はマンション建設にあたって、被差別部落や同じ校区を避けたかったからである。それらの意向を斟酌《しんしゃく》してマーケティングリサーチ会社が自ら土地調査の中で差別調査を行っていたケースもあった。

これらは紛れもなく購入予定者である一般市民の被差別部落や同じ校区には住みたくないといった差別的な意向をふまえた結果である。企業の誤った考え方に基づく利益至上主義が、差別的な意向を積極的に受け入れる土壌を形成した。これらの行為は企業の社会的責任を完全に逸脱したものであり、差別業務システムともいうべき慣行は部落差別を強化する役割も担ってきた。

「部落地名総鑑」差別事件では、多くの企業が「地名総鑑」を利用して被差別部落出身者を職場から排除していた。それらは部落差別撤廃に向けた多くの取り組みと逆行するものであり、部落差別の再生産構造を強化した。就職差別は安定した職場からの排除を助長し、経済的低位性を固定化させた。これらは生活水準の低位性、教育水準の低位性を再生産させ、経済的低位性につながる悪循環を持続させた。被差別部落の劣悪な実態や低位性という部落差別の一要因を作り出しながら、低位性を理由に差別をするという差別スパイラルのような状態を現出させた。

◉オールロマンス事件と同根

土地差別調査事件も同様である。「部落地名総鑑」差別事件では企業内部の被差別部落出身者を排除するといった差別体質が事件の一要因になっているように、土地差別調査事件ではエンドユーザーの差別意識が一要因になっている。

これらの差別意識を当面の出発点とする土地差別調査事件でも、「地名総鑑」差別事件と同じように「地域の開発から排除」することによって、既存の部落差別意識を再生産した。そうした所業は結果として教育水準にも悪影響を与え、教育を重視するファミリー層から忌避される大きな要因ともなってきた。

読者の中にはご存じない方もおられると思うが、以上の構図は六八年前の一九五一年に起こった歴史的なオールロマンス差別事件に通ずるものがある。

『オールロマンス』という当時のカストリ雑誌と呼ばれた粗悪な雑誌に「特殊部落」という小説が掲載された事件である。小説のテーマそのものが差別的であることは言うまでもないが、小説を読めばさらに差別意識が助長されるといった内容であった。小説の中には京都市の被差別部落の実態が差別的に記されており、小説を読めば差別的認識がさらに深まるものであった。執筆者は京都市衛生課の臨時職員であり、当該職員は自らの仕事上で関わっていた被差別部落の差別的な実態を差別的な視点で執筆したのである。

当時の京都市長は弁護士出身の革新市長であり、このような職員は許せないとして免職にする意向を表明した。当時の部落解放運動（部落解放全国委員会）は、小説を執筆した職員にも問題はあるが、職員が差別的一面的な視点であったにせよ被差別部落の様子をそのまま執筆したことが差別意識を助長するのは実態そのものに問題があるからだとして、実態を放置してきた京都市行政の責任を追及したのである。

◉道が狭くなるところから

当時の被差別部落には本来行政が行わなければならなかった施策が行われず、被差別部落を避けて行政が行われていた差別行政の実態が次々と明らかになった。

教育面でいえば「長欠不修学が多いのはどの小学校か」と追及していけば、京都市内の地図上の被差別部落に印が付いていくといった実態が次々と明らかになっていった。上下水道、保健衛生など他の分野も同様であった。

著名な映画監督であった亀井文夫氏が作った「人間みな兄弟」の冒頭に「道が狭くなるところから被差別部落が始まる」といった趣旨の語りと映像が出てくるシーンがある。まさにそうした実態を差別的な視点で記述されていた事件がオールロマンス差別事件であった。公共の道路を作るのも義務教育を保障するのも紛れもなく行政の仕事である。それを行っていなかったのである。差別行政以外の何ものでもない。

土地差別調査事件はマンション等の建設に当たって行政が避けたのではなく、民間業者が避けたのである。そのことが「地域の開発からの排除」につながった。民活が重視される時代にあって、民間からの排除はときに行政からの排除以上に大きな意味を持つことがある。

さらに民間業者が排除してきた被差別部落や同校区、そして排除するような差別意識を放置してきた責任が行政機関にあることはオールロマンス事件と同様である。

誤解がないように申し上げておくが、私は開発すること一般が良いとは考えていない。しかし差別的な視点で開発から排除するのはオールロマンス事件の行政による排除とつながるものである。

◉「利潤追求」のために

企業活動を人の視点から捉えていくと、①企業は人を雇用して、②その人の労働によって新たな製品・サービスを作り出し、③それを人々に提供することで利益を得ていることが分かる。

①の人を雇用するときの差別事件の代表が「部落地名総鑑」差別事件であり、③の人々に製品・サービスを提供するときの差別事件が訪問販売時に被差別部落を避けていた事件である。そして土地差別調査事件は、③の製品であるマンション等を提供するときに販売しやすいように購入予定者の差別意識を積極的に受け入れ、②のマンションという立地条件に販売が大きく左右される製品を作り出すときに行われていた事件である。

つまり土地差別調査事件では購入予定者である一般市民に差別意識があることを認識していながら、それを無批判に受け入れていたのではなく、自らの「利潤追求」のために積極的に受け入れることによって、部落差別の再生産構造を強化していたのである。

まさに六八年以上前のオールロマンス事件や一九七五年に発覚した「部落地名総鑑」差別事件に匹敵する事件である。それも企業の社会的責任（ＣＳＲ）が声高に叫ばれている時代、極秘裏に社会的責任と逆行することが「利潤追求」のために行われていたのである。その悪質性はいうまでもない。今日においても部落差別と企業の「利潤追求」が明確につながっていることを示した事件である。

一定の企業・事業所には、厚労省によって「公正採用選考人権啓発推進員」の設置が義務づけられているように差別撤廃のための積極的な役割が課されている。その役割と逆行することが業務の中で行われていたのである。形骸化された「名ばかり推進員」と極秘裏に行われていた被差別部落排除の「土地差別調査」によって、部落差別は確実に再生産されていたのである。

◉行政機関の問題点も大きい

それではなぜ一定のマンション購入予定者は、多くの意識調査データからも明らかになっているように被差別部落やその校区を避けたいと思うのか。端的にいって「被差別部落と間違われたくない」「部落問題や被差別部落出身者と関わりたくない」「被差別部落を含む校区の学力水準が低い」などといった理由である。これらの理由に共通していることは「自身や家族が不利益を被りたくない」ということである。

つまり「被差別部落と間違われたら」不利益を被るような部落差別が厳然と存在しているか

らであり、低学力傾向がいまだ続いているからである。それらを原因としながらも、それらの状態を存続させる構図を維持してきたのが土地差別調査事件に代表される差別構造である。また積極的に原因除去の取り組みを推進してこなかった行政機関の問題も大きい。それは先に紹介した「公正採用選考人権啓発推進員」制度の運用を見ても「名ばかり推進員」の多さが物語っている。

土地差別調査事件に直接関わる宅地建物取引業法の運用を見ても明らかである。宅建業法は宅地建物取引主任者が不動産取引に関わる重要事項の説明を義務づけている。

その重要事項とは「建築基準法や地域の条例などに基づく使用上の制限や取引条件といった項目にとどまらず、その不動産の取引を判断するのに影響を与える事項」とされている。これだけであれば「不動産の取引に影響を与える」被差別部落情報は「重要事項」に含まれてしまう。宅建主任者の中には被差別部落情報が「重要事項」に含まれると解釈していた人々も少なからずいた。こうした実態に多くの行政機関は、事件発覚まで明確な指導をしてこなかった。これも事件の大きな要因である。

以上のような視点を持って土地差別調査事件を捉えていかなければ、事件の本質に迫り部落差別の根本原因や企業の差別体質を除去することはできない。

3 不作為的な差別・人権侵害をなくすために

ところで近年においては不作為的な人権侵害事案や差別事案もクローズアップされてきている。土地差別調査事件はその代表的な事件でもあるといえる。

差別問題解決の出発点は、差別状態が差別であると認識されることから始まる。これは部落差別だけではなく、全ての差別についていえることである。認識されない差別は撤廃できないのである。

◉重大な不作為型の差別事件

利益を上げることには敏感でも、差別に対しては鈍感な企業体質が、明確に浮き彫りになったのが土地差別調査事件である。差別に荷担しながら差別に無関心な企業が、差別的な意識や社会を助長する原動力になっていることを顕著に示した事件であった。

本事件の場合は作為的な関係者が事件の重要な部分を担っている。しかし事件関係企業の中には不作為的な企業や関係者がいたことも事実である。

一般的な企業不祥事にも不作為型のものが発生・発覚するが、差別事件も同様である。ここでは法的に厳密な意味で使用するわけではないが、「不作為の差別性」ついて考えてみたい。法的には「不作為の違法性」などと使用されることが多いが、本稿では国語的に「行為の一種で、あえて積極的な行動をしないこと」といった意味で考えていきたい。

不作為の場合でも、①事案の差別性を知りながら不作為なのか、②事案の差別性にまったく気づかず不作為なのかによって、その悪質性は変わる。土地差別調査事件のように営利目的の業務の中で関与していた場合、差別に荷担したことに変わりはない。

◉市民の差別意識に迎合した業務システム

土地差別調査事件に関与していたのは先述したように三つの業界で、マンションなどの建設予定地周辺の立地条件を調査する「土地のマーケティングリサーチ会社」と不動産の新聞折り込み広告などをつくる「広告代理店」、そして実際にマンションを建設する「ディベロッパー（開発業者）」である。

多くの場合、広告代理店が中心となって、マーケティングリサーチ会社に建設候補地周辺の調査を依頼し、リサーチ会社が報告書にまとめていた。その報告書を広告代理店が自社の表紙に変えて、無償でディベロッパーに提案書として渡していた。

つまり、土地差別報告書を作成したリサーチ会社、それを利用した広告代理店やディベロッパーの「共犯」であった。ただし、そうした差別的業務システムを作り出す原因になったのは、被差別部落に偏見・忌避意識をもつマンション購入予定者（エンドユーザー）としての一般市民であり、それを営利のために無批判に受け入れ、市民の差別意識に迎合し助長した関係業者とその社員の差別意識であることはすでに述べた。

土地差別調査事件は、リサーチ会社が作成した報告書に、「立地特性」などの項目として、「率直に同和問題に関わってくる地域」などの表現を用いて、直接間接を問わず一定の地域を被差別部落であると明示していた。

これらの報告書がリサーチ会社では常態化していた。それらの報告書を受け取っていた広告代理店やディベロッパーにおいても、一部に気づいていた社員もいたが、多くの場合、差別であるとの認識もなかった。

◉財務監査のように人権監査を

これらの事実は極めて深刻な事態である。多くの広告代理店やディベロッパーの事情聴取から明らかになった「無関心でした」「（その部分は）関係がなくて見ていませんでした」との証言は、差別問題に取り組まず、差別的な世間に追随した顕著な姿である。まさに「不作為の差別」である。

今日の企業にはCSRやコンプライアンスの視点が強く求められている。それは作為的に差別や人権侵害を行わないといった面だけではない。他から持ち込まれる差別的要素を排除し、それらを積極的に是正することも含まれる。財務監査、業務監査のように人権監査の視点とシステムが求められているのである。

しかしそれだけでは不十分である。視点をもつのもシステムを運用するのも人であることを忘れてはならない。「差別をしてはいけない」だけの認識だけでは不十分なのである。「差別をしてはいけない」ということを換言すれば「加害者になってはいけない」ということである。この視点だけでは加害者にならなければ良いという発想になり、差別を撤廃する、差別状態を克服する、差別的要素を排除していくという発想にはならない。

かつて拙稿で「ペーパードライバーゴールド免許証コンプライアンス」ではダメだと申し上げた。つまりゴールド免許証制度は自動車を運転しながら無事故・無違反を遵守することを求めており、ペーパードライバーのように自動車に乗らないことを奨励している制度ではない。社会の要請に応えながら法令遵守が求められているのであり、何もしないことによって法令遵守を求めているわけではない。コンプライアンスが真に理解されていないと、言われたこと以外やらなくなるような構成員が増加してしまう。

◉キーパーソンは企業トップと人権担当者

これを差別事案に重ね合わせれば、加害者にはならないようにするが、それ以外は関与しないとなってしまう。これでは不作為型の差別事案を克服することはできない。

重要なのは構成員の意識と企業文化を変えることだ。そうした中で「差別や人権侵害をやってはいけない」というだけでなく、差別撤廃や人権確立という社会的要請に積極的に応えるという姿勢が求められる。

企業文化とは企業全体を包む雰囲気のようなもので、ＣＳＲやコンプライアンスの推進が、企業の長期的な発展に結びつくという確信のようなものが企業全体の基盤的理念になっていなければならない。

職場における労働面の不祥事の一つといわれるハラスメント事案でも、ハラスメントが行われていても、それをハラスメントと理解できず放置する場合とハラスメントと理解していても、自身の利害を考えて見て見ぬふりをする場合が存在する。学校におけるいじめの場合も同様である。

いじめの場合も、いじめる子といじめられる子だけが存在しているわけではない。「不作為」的な傍観者も存在している。これら傍観者がどのような立場に立つのかによって、いじめ問題の解決は大きく影響を受ける。多様な傍観者を一括りにすることはできないが、心の中ではいじめを解決したいと願っている多くの傍観者もいる。同様に企業内部にも差別的業務を解決したい、克服したいと願っている「良心的」傍観者も少なからず存在する。CSRやコンプライアンスの取り組みの中で増加しているといっても過言ではない。そうした人々に明確な人権基準や差別撤廃の視点を持っていただき、それらの行動を支えるシステムが企業内に構築できれば不作為型の差別事案は克服できる。

そのときにキーパーソンになるのが、企業のトップと企業内人権担当者である。私は多くの企業を見てきたが、企業のトップと担当者が知識と情熱をもって取り組めば企業は必ず変わる。過去そのような企業を数多く見てきた。それが不作為型差別事案を克服する要点である。

4 「土地差別調査規制条例」が成立

◉「改正部落差別調査等規制等条例」が成立

以上の土地差別調査事件の取り組みを通じて二〇一一年三月一五日、「『大阪府部落差別事象に係る調査等の規制等に関する条例』（以下『規制条例』という）の一部を改正する条例」（以下「改正規制条例」という）が大阪府議会において可決・成立した。

一九八五年三月二〇日に「規制等条例」が制定されて二六年目の年である。この規制条例によって、大規模なものを含む二つの部落差別調査事件が摘発された。それらの事件を摘発した意義は部落差別撤廃にとって極めて大きなものであった。

一九九八年七月二日に新聞報道された大規模な「規制条例」違反事件では、調査会社二社に大阪府が立ち入り検査を行い、二社とも差別調査を行っていた事実を認め、二社は「規制条例」に基づいて行政指導を受け、そのうち一社は、届け出違反で大阪府警南署に告発された。その結果、二社それぞれ廃業と調査業からの撤退を行わざるを得なくなった。

またこの事件が大きな立法事実となり、別項で紹介したように改正職業安定法（一九九九年一二月一日施行）の中に「第五条の四」（求職者等の個人情報の取扱い）が追加された。この条項と指針によって、労働者の募集を行う全ての者に原則として「人種、民族、社会的身分、門地、本籍、出生地その他社会的差別の原因となるおそれのある事項」「思想及び信条」「労働組合への加入状況」を収集してはならないことを定めた。

これらの条項は部落差別をはじめとするあらゆる就職差別を撤廃するために大きな役割を果たした。

規制条例が大きな役割を果たしたように、「改正規制条例」も土地差別調査撤廃に重要な役割を果たすことはいうまでもない。

私たちの人生で重大な節目は、どこに就職するか、誰と結婚するか、どこに住むかということであることはすでに述べた。職業は単に収入を得るためだけではなく人間的尊厳の基盤である。かつてはその時点で部落差別事件が頻発した。結婚も人間の人生にとって最も重要な事柄である。誰と人生を共にするのか、誰と子どもを生み育てるのかという重大事である。

◉規制条例の普及啓発が重要

このような人生の二大節目に差別身元調査によって、多くの被差別部落出身者が就職差別や結婚差別を受けた。就職差別撤廃は大きく前進したが、結婚差別はいまだ根強く続いている。これら人生の大きな節目の部落差別を撤廃するために、差別身元調査や「部落地名総鑑」を規制することを通じて「規制条例」は大きな役割を果たした。

しかし人生のもう一つの大きな節目であるどこに住むのかということに関して、土地差別調査が横行してきたことが明らかになった。不動産購入は多くの人々にとって、人生の中で最も高額な買い物であり、生活の場所を決める重要事項である。その重大な節目に部落差別が関係業界によって秘密裏に行われてきた。それらを規制しようとすることが「改正規制条例」のねらいである。この「改正規制条例」によって土地差別調査撤廃が大きく前進することは間違いない。そのためにも「改正規制条例」の普及啓発が重要なテーマの一つになった。

「改正規制条例」では第一条（目的）の中に「個人及び土地に関する事項」を挿入し、これらの調査、報告等の行為の規制を目的にすることも加え、第二条（定義）四に「土地調査等」を「府の区域内の土地の取引に関連して事業者が自己の営業のために土地に関する事項を調査し、又は報告することをいう」と定義した。

さらに「第三章　土地調査等」を設け、第一一条（遵守事項）で「土地調査等を行う者」に「一　調査又は報告の対象となる土地及びその周辺の地域に同和地区があるかないかについて調査し、又は報告しないこと」「二　同和地区の所在地の一覧表等の提供及び特定の場所又は地域が同和地区にあることの教示をしないこと」を遵守事項として義務付け、「2　土地調査等を行う者は、その営業に関し従業員に前項各号に掲げる事項を遵守させるため必要な指導及び監督を行わなければならない」と定めた。

◉遵守事項を守らせるために

以上の遵守事項を守らせるために、第一三条（指導及び助言）で「必要な指導及び助言をすることができる」ことを規定し、第一四条（報告の徴収）で「必要な事項の報告又は資料の提出を求めることができる」ことを明記した。

また第一五条（勧告）で第一二条第一項の規定に違反したとき、知事は「当該者に対し、当該違反に係る行為を中止し、その他必要な措置を講ずべきことを勧告することができる」と定め、第一六条（事実の公表）で「知事は土地調査等を行う者が第一四条の規定による要求に正当な理由なく応じなかったとき、又は前条の規定による勧告に従わなかったときは、その事実を公表することができる」と明記した。

つまり「改正規制条例」では、土地差別調査をなくすために「啓発」を推進し、「指導・助言」を行い、それでも違反した者には「勧告」し、それらの勧告に従わなかった者に対して「事実の公表」を一定条件の下で進めていくというフローになっている。

一方、元の「規制条例」では、差別身元調査と「部落地名総鑑」を規制するために「啓発」を行い、調査業界団体に「自主規制」を行わせ、それでも違反した者に対して指示等の「行政指導」を展開し、その行政指導に従わなかった者に営業停止等の「行政規制」を加え、それに従わなかった者に「行政罰」を与えるというフローになっている。

「改正規制条例」では、「規制条例」と異なって「行政規制」や「行政罰」という手段ではなく、行政指導としての「勧告」と「事実の公表」で条例目的を達成しようとするものである。ある面では行政罰で担保された差別身元調査や「部落地名総鑑」を規制する元々の「規制条例」のほうが強力だと解釈されるが、現実的には「事実の公表」も関係業者にとって大きな抑止力になる。

「改正規制条例」では、これまでの「規制条例」に比較して規制の方法は異なるが、先に紹介した人生の大きな節目である居住（不動産売買）の差別撤廃に大きく貢献できると考えられる。

◉土地差別調査の違法性が明確に

具体的には「改正規制条例」の制定によって、第一に土地差別調査の「違法性」が明確になった点である。宅地建物取引業法は宅地建物取引主任者が不動産取引に関わる重要事項の説明を義務づけている（第三五条）。その重要事項とは「建築基準法や地域の条例などに基づく使用上の制限や取引条件といった項目にとどまらず、その不動産の取引を判断するのに影響を与える事項」とされている。これだけであれば「不動産の取引に影響を与える」被差別部落情報は「重要事項」に含まれてしまう。宅建主任者の中には被差別部落情報が「重要事項」に含まれると解釈していた人々も少なからずいたことはすでに述べた。こうした人々にその違法性を明確にしたことは、土地差別調査の抑止につながる。

第二に土地差別調査事件の解明にも大きな意義を持つ。倫理的・社会的に許されない問題としてだけではなく、法的に許されないことを明確にしたことによって、事件解明に大きく貢献できる。現在明らかになっている関係業者以外にも多くの業者が土地差別調査と関連を持っていたことは、これまでの事件調査からも明白である。

また土地差別調査が違法であることが明確になったことによって、事件の背景・原因分析やそれらに基づく課題の明確化の重要性が一層明らかになった。

第三に土地差別調査根絶に向けた啓発や部落差別撤廃啓発の大きな推進力になる。被差別部落やその校区への忌避意識を根強く持つマンション等購入予定者をはじめとする多くの市民への啓発に積極的な効果を期待できる。国際法学者オスカー・シャクターの「法は人の行為を変え、行為は人の態度を変える。さらに心（意識）を変える」という言葉のように、「改正規制条例」の制定は被差別部落や同校区への忌避意識を克服するために積極的な影響を与える。

◉多くの業界に影響を与える

第四に「改正規制条例」は、条例対象を調査業界に限定した元の規制条例と違って、「土地調査等」を「自己の営業のために」行う全ての「事業者」が対象になっていることによって、多くの業界に影響を与えることができる。これは「改正規制条例」の影響が広範囲に及ぶということであり、関係業界の土地差別調査撤廃をはじめとした部落差別撤廃にむけた取り組みを促進させることにつながる。

第五に部落差別以外の多くの土地差別撤廃に積極的な影響を与える。土地差別調査事件においても部落差別以外の差別的な記述も含まれていた。これらの差別撤廃にも一定の貢献ができる。

第六に国や全国の地方自治体に、差別撤廃にむけた積極的な影響を与えることができる。土地差別調査は大阪府にだけ存在するものではない。全国に存在する。本来は国の法律において制定されるべきものである。「改正規制条例」が制定されたことをふまえ、宅地建物取引業法等の法改正に結びついた。「改正規制条例」成立がその大きな一歩になったことは確かである。

以上のような意義を徹底させることが「改正規制条例」制定後の最重要課題である。

5 法的規範のパワーを考える

◉部落差別という言葉がはじめて条文に

ここで「改正規制条例」の元になった「規制条例」についてもその意義等について触れておきたい。それは別の章で詳述している部落差別解消推進法施行の意義とも関わっている。

この「規制条例」が日本国内ではじめて「部落差別」という言葉を名称と条文に使用したものになった。それまでの同和対策事業特別措置法も、その後の改正法も部落差別という文言は使用されていなかった。部落差別解消推進法が成立してはじめて法律の条文に部落差別という文言が使用された。

「規制条例」は、成立前年の一九八四年七月末に岸昌《きしさかえ》大阪府知事（当時）が「部落差別につながる身元調査をなくする方策について」を大阪府同和対策審議会に諮問し、同年一二月八日に以下のように答申された。

◉身元調査が後を絶っていない

答申では、「はじめに」の部分で「依然として部落差別につながる身元調査が後を絶っていない。人生の重要な門出となる結婚や就職に際して行われるこのような差別的な身元調査は、人権侵害の最たるものであり、同和地区出身者の人生に決定的な打撃を与えるものである。また、このことと関連して、部落地名総鑑は、昭和五〇年末に発覚して以来、発行種類は九種類、購入者数は、表面化しただけでも二〇〇余りに達しており、現在においても、ひそかに利用されていると考えられる。もともと差別的な身元調査は、表面化しにくい性質のものであるにもかかわらず、毎年事件の発生をみている。すでに昭和四〇年の国の同和対策審議会答申のなかで、『差別』は重大な社会悪であることが指摘されている。なお、最高裁判所は、昭和五〇年四月四日の判決において、この種の身元調査が、憲法一四条の精神に反するものであり、公の秩序に反し、違法であるとした原判決を認めている。このような現状をみるならば、同和問題の解決のためには、このような悪質な調査や報告行為を防止するための総合対策がぜひとも急がれるところである」と述べた上で、「結語」において以下のように明記している。

「以上に述べてきたように、結婚や就職等における部落差別につながる身元調査をなくするためには、府民に対する啓発活動の充実、現行制度の活用、行政指導の強化及び業者による自主規制の促進などの諸方策を効果的に推進していくことが重要であり、また、これらの方策の限界を補完するための法的措置として、条例制定が必要であるとの結論に達したものである」として、条例制定の必要性を明確に述べている。そして答申は、制定すべき条例の内容についても具体的に明記した。

制定時の「規制条例」は、部落差別身元調査と「同和地区の所在地の一覧表等の提供及び特定の場所又は地域が同和地区にあることの教示をしないこと」と定義して「部落地名総鑑」を規制した。ただし「興信所・探偵者業」に限定した行為規制であり、「興信所・探偵者業」以外の人々が、同様の行為を行っても「業」として行っていなければ、後述する規制等は受けず、あくまでも努力義務だけの条例である。

◉部落差別調査等を抑止する大きな効果

先にも述べたが、「規制条例」の内容は、まず大阪府が条例目的を達成するために「啓発」を行い、「興信所・探偵者業」が自主規制を行って、その「自主規制」に反した場合に行政指導としての「指示」が出されるものである。その指示に従わなかったときに、行政規制としての「営業停止」等が命じられ、その命令に違反した場合に行政罰まで進むのである。

端的にいうなら「啓発」→「自主規制」→「行政指導（指示）」→「行政規制（営業停止）」→「行政罰（懲役又は罰金）」という流れである。これまでの二件の違反事例は、「行政指導（指示）」で終了している。このように極めて緩やかな「規制条例」である。それでも部落差別身元調査や「部落地名総鑑」を規制するのに一定の効果を発揮したことはいうまでもない。

それ以上に先述したように日本ではじめて条文の中に「部落差別」という文言が取り入れられた「規制条例」が制定されたことによって、部落差別を抑止する効果は重大なものであった。部落差別調査等の限定した内容の条例であっても、一定の部落差別行為を法的に規制した意義は大きかった。

三五年以上を経過した今日において、改めてその制定の意義を確認し、部落差別調査をはじめとする差別調査や全ての差別の完全撤廃と人権確立社会の実現にむけて、条例の精神をさらに普及していく必要がある。

「規制条例」制定の意義は、まず第一に、部落差別身元調査や「部落地名総鑑」の作成・販売など、差別の営利行為に対して、その違法性を国内ではじめて法的に明確にし、法規制を打ち出した点である。これは部落差別行為全体が法的に許されないことであるのを明確化することにもつながった。部落差別身元調査による潜在的な犠牲者が泣き寝入りせざるを得なかった状況から脱して、堂々とその違法性を主張できる法的根拠ができた点である。特に、部落外に住む部落出身者のおかれている状況を考えれば、その意義は大きなものであった。

さらに違法性を明確にしたことによって、差別の法的基準を引き上げたといえる。社会システムと社会的基準は一体であり、次に述べる人々の意識・感覚も一体である。法制度は社会システムの中心であり根幹である。「規制条例」が差別基準を明確にし、引き上げた点は極めて大きな意味がある。また「規制条例」の制定は、部落差別調査に対する不法行為に基づく損害賠償請求訴訟にも積極的な影響を与えるものとなった。

◉規制条例制定が最も大きな啓発効果に

第二に、人権啓発や部落差別撤廃の啓発を推進する大きな力になった。

「規制条例」第三条には「府は、国及び市町村と協力して、第一条の目的を達成するため必要な啓発に努めるものとする」とし、第三項には「府民は、第一条の目的に反する調査又は調査の依頼をしないよう努めなければならない」と明記し、府民への啓発強化を取りあげており、「規制条例」が啓発推進の法的根拠にもなっている。それだけではない。

法規範は最も強い社会規範であり、その制定そのものが人々の意識に与える影響は極めて大きい。先に紹介した答申で「すでに種々の啓発事業や行政指導が行われてきたにもかかわらず、依然として部落差別につながる身元調査が後を絶っていない」ように、啓発や行政指導だけでは限界がある。

「社会システム」と人々の「差別意識」や「人権感覚」は密接に結びついている。「男女雇用機会均等法」やその後の改正法が制定されたことによって、多くの人々の女性差別への意識・感覚は大きく変わった。同様に「規制条例」制定そのものが最も大きな啓発効果になった。第七の「部落地名総鑑」を作製・販売したH秘密探偵社は、作製・販売しても「何が悪いのか」、「どの法律に違反するのか」と居直りを続けた業者である。こうした人々には通常の啓発だけでは意識変革につながらない。「あなたの行為は法律に違反している」といえば態度が大きく変わり、意識も徐々に変化していく。

その意味で「規制条例」は、膨大な啓発活動以上の効果をもたらしたといえる。

◉全ての採用差別をなくすことにつながった

第三に、部落差別以外の多くの差別によって、就職時や結婚時に差別され、不当な扱いを受けてきた人々にも、「規制条例」制定は大きな勇気と自信を与えた。そしてこの「規制条例」がなかったならば、一九九八年に発覚した大量差別身元調査事件に十分な対応を取ることができず、本事件が大きな立法事実になって、改正職業安定法（一九九九年一二月一日施行）に加えられた第五条の四の条文も不十分なものになった可能性が高い。

第五条の四とその指針は、すでに述べてきたように労働者の個人情報保護の規定を設け、事実上採用差別ができないようにした。あらゆる社会的差別につながる事項の収集を禁止することを通じて、採用差別禁止を法的に明確にした。こうした法整備は部落差別だけではなく、全ての採用差別をなくすことにつながり、就職活動に取り組む全ての人々の個人情報保護の確立に貢献した。以上のように「規制条例」の制定がその後の差別撤廃に関わる法改正につながった事実は、「規制条例」制定の意義の一つに上げることができる。

第四に、国や全国の地方自治体に、差別撤廃にむけ積極的な影響を与えることができ、調査業界の自主規制を前進させることにもつながった。

第五に、「部落地名総鑑」差別事件の真相糾明を行う上で、この「規制条例」が大きな力になった。

こうした意義をもつ「規制条例」は、多くの地方自治体における部落差別撤廃・人権条例制定の出発点にもなった。これらの意義と成果をふまえつつ、今日のおいても結婚差別事件や戸籍不正取得事件が後を絶たない現実を厳しく受けとめ、部落差別解消推進法施行をふまえ部落差別根絶にむけた取り組みの一層の強化が求められている。

第三章 「全国部落調査」復刻版出版差止め裁判

1 ネット上の事件が膨大で悪質なものに

◉部落解放運動に多大な影響

二〇一七年七月一一日、横浜地方裁判所相模原《さがみはら》支部で重要な決定がなされた。「全国部落調査」やその一覧表のインターネット上への公開行為に係る一連の裁判に関わる裁判所「決定」である。

本「決定」は今後の「全国部落調査」裁判や部落解放運動に多大な影響を与える。近年、サイバー上の部落差別事件が膨大な量になり極めて悪質なものになっている。その最も悪質なものが「全国部落調査」とその一覧表のネット上への公開行為である。これらの差別行為を防ぐことができなければ、部落差別の完全撤廃がさらに遅れることになるのは指摘するまでもない。

一九七五年に発覚した「部落地名総鑑」差別事件との決定的な違いは、インターネット上の公開行為によって、いつでもどこでも誰でもネットにアクセスすることさえできれば被差別部落の住所・所在地を知ることができるようになったことである。「地名総鑑」は購入した企業等が極秘裏に利用していたものであったことと比較すると全く異なる次元の事件である。ネットにアクセスできる全ての人々が、差別の「武器」であるネット公開「全国部落調査」情報にアクセスすることができれば、差別状況は間違いなく悪化する。

上記の裁判所「決定」内容を紹介する前に、被差別部落の住所等をネット上に公開する重大な問題点を指摘しておきたい。

◉アウティングが深刻な問題に直結

まず詩人・丸岡忠雄さんの有名な「ふるさと」という下記の詩と今日の状況は本質的に変わっていない。

〝ふるさと〟をかくすことを
父はけもののような鋭さで覚えた
ふるさとをあばかれ
縊死《いし》した友がいた
ふるさとを告白し
許婚者《いいなずけ》に去られた友がいた
吾子《あこ》よ
お前には
胸張ってふるさとを名のらせたい
瞳をあげ何のためらいもなく
〝これが私のふるさとです〟
と名のらせたい

この詩と同じ思いを抱いている人々は、今日においても少なからずいる。そうした被差別部落出身者からの相談も後を絶たない。被差別部落出身者の身元調査をするための戸籍不正入手事件も根絶できていない。

また多くの差別に悩む被差別部落出身者は、大きな精神的苦痛を感じつつ被差別部落出身であることを告白してきた人々もいた。その中には社会的に影響力ある仕事に就き、活発に活動している人々も多数いる。本人自らのカミングアウトがあっても、部落解放運動は原則として本人の意思を尊重し公表しない。それは自らの意思でカミングアウトするのと他人に勝手に公にされるアウティングとは決定的に異なるからである。ＬＧＢＴＱ（性的マイノリティー）問題では他人にアウティング（公表）されたことによって深刻な問題も発生している。

◉ネット公開情報は確実に悪用されている

部落差別が厳然と存在する現在において、部落差別調査を助長する「全国部落調査」のような被差別部落の所在地情報が部落差別意識を根強く持つ人々に利用されることは確実である。実際に「地名総鑑」は多くの調査業者や企業に所持されてきた。現在明らかになっている一〇種類の「地名総鑑」は、一九七五年～二〇〇六年に回収されている。第九と第一〇の「地名総鑑」回収からまだ一〇年少ししか経過していない。

今日、一九八〇年代の部落差別意識調査結果に比較して改善されてきているとはいえ、いまだに根強く結婚時の被差別部落出身者への忌避意識を持つ人々は一定の割合で存在している。それは多くの意識調査が顕著に示している。それだけではない。いつネット上の公開一覧表を見られて「ふるさとをあばかれ」るのかと戦々恐々としている部落解放運動に参加していない被差別部落出身者が多数いることも事実である。

まさに「全国部落調査」やそのネット上への公開行為は、多くの被差別部落出身者の差別されない権利を侵害するものであり、それによって差別意識が再活性化し、自身の出自が暴かれないかを心配しなければならない不安定な精神状態を余儀なくされているのも重大な人権侵害である。

一九八五年三月二〇日に大阪府議会で「大阪府部落差別事象に係る調査等の規制等に関する条例」が制定された。本条例制定で調査業者を対象に「部落地名総鑑」と「部落差別身元調査」を規制することができたことは大きな成果である。本条例は同年一〇月一日に施行されたが、その時から三四年以上の歳月を経た現代において、本条例の趣旨とは逆行する「全国部落調査」がネット上に公開された事態は、明確に条理に反するものである。

部落解放運動に参画している人々でも、いくつかの理由で自身の生い立ちを詳しく語ることをしないこともある。その理由の一つは、その人が生い立ちを語ることで、親族をはじめとする周りの人々の人生の一部を語ることにもなってしまい、少なからず迷惑をかけるのではないだろうかと考えるからである。部落解放運動に参加している人の親族の中には被差別部落出身をいまも隠している人々がいる。そうした人々からはネット上に公開されている「全国部落調査」を見て、自身の出自が暴かれはしないかと心配している人々も多数いる。そのような相談者からも「なぜ『部落地名総鑑』差別事件のときは国もその重大な悪質性を指摘して取り組んだにもかかわらず、ネット上では放置されているのか」といった怒りの言葉がはき出されることも少なくない。

◉「全国部落調査」公開情報はセンシティブ関連情報

二一世紀になった今も被差別部落出身者の多くは、自身の出自を隠している。職場や転居先で被差別部落出身を「何のためらいもなく」明らかにできる人は決して多くない。先述したように部落解放運動を推進しているリーダーといえども、被差別部落出身を明らかにしていない多くの親族がいる。親は隠しているが子は部落解放運動に参加している人もおり、その逆もある。部落差別を撤廃するために必要であれば大胆に被差別部落出身を明らかにすることもあれば、慎重に状況等を勘案し言葉を選びながら出自を語ることもある。それは他の差別問題でも同様だといえる。まさに自らの意思でカミングアウトするのと勝手にアウティングされるのとは全く異なる。一度カミングアウトしても心境が変化して年月の経過とともにしなくなる人もいる。アウティングはそうした状況を全く考慮せず公表することになる。

例えば被差別部落出身者の男性と親の反対を乗り越えて結婚し、部落解放運動に参加した女性がいる。被差別部落やその町の取り組みではそれを堂々と語っても、遠く離れた実家では、親が結婚後に二人の関係を認めても慎重に自己の立場を語る女性もいる。部落解放運動は、それらのセンシティブ情報に関して、自己情報コントロール権を認めて柔軟に対応してきた。

センシティブ情報とは、機微情報と訳され、経済協力開発機構（ＯＥＣＤ）の個人情報保護ガイドラインでは、情報漏洩によって社会的差別を受けることになる情報と規定されている。具体的項目に関しては、①思想及び信条に関する事項、②政治的権利の行使に関する事項、③労働者の団体交渉に関する事項、④医療、性に関する事項、⑤犯罪の経歴、⑥人種、民族、社会的身分、門地並びに出生地及び本籍地など社会的差別の原因となる事項と規定している。日本の改正個人情報保護法に基づくセンシティブ情報のガイドラインでも門地、本籍地などの差別につながる情報は必ず含まれている。また要配慮個人情報にも社会的差別に関する情報は含まれている。

少なくとも「全国部落調査」一覧表のネット上への公開内容は、センシティブ情報に結びつくセンシティブ関連情報であるといえる。こうした情報がネット上で公開されれば多くの人々の差別意識は一層拡大し、被差別部落出身者の意識はより一層「萎縮」する。

以上のような状況と視点をふまえ「『全国部落調査』復刻版出版差止め裁判」が行われている。

2 画期的な横浜地裁相模原支部の異議審決定

◉「決定」が出された経緯

上記の視点の下、極めて重要な横浜地方裁判所相模原支部「決定」を解説していきたい。

まず本「決定」が出された経緯について説明しておきたい。本事件では、横浜地裁が二〇一六年に出版禁止の仮処分を決定し、横浜地裁相模原支部がウェブサイトの掲載内容の削除を命じる仮処分を出している。これらの決定は仮処分であり、本事件の裁判はいまも続いている。これらの仮処分決定があったにもかかわらず鳥取ループ等がネット上への掲載を止めないために、原告側から二〇一六年四月一九日に東京地裁に「全国部落調査」の公表禁止と損害賠償を求める訴訟を提起した。この裁判に関連して、二〇一六年四月五日に原告の代表を債権者に立てて、損害賠償権の執行を保全するために債務者（鳥取ループ等）の所有する不動産の仮差押えを申立てた。その申立てに対して横浜地裁相模原支部が二〇一六年四月八日、債権者（原告側）の訴えを認め仮差押えを決定した。その決定への異議申立て（二〇一六年一二月一九日）を債務者が行ったことに対する横浜地裁相模原支部の二〇一七年七月一一日の決定が本稿で紹介させていただく内容である。いうまでもなく彼らの異議申立てを却下し、仮差押えを認可する決定である。原告側にとって高く評価できる勝訴決定である。

要約すれば、鳥取ループ等のネット上への掲載によって、原告側が多面的な損害を受け、損害を賠償させるためにあらかじめ彼らの財産を勝手に処分されないように保全するために行った裁判所決定に対して、彼らの行った異議申立てへの却下決定である。

しかし本決定内容は、単なる却下決定ではなく、本事件の判決にも積極的な影響を与える内容を含んだものである。つまり彼らが行っている行為が、いかに重大な差別性や違法性等を含んでいるかということを明確に述べた決定内容である。

決定内容は争点を三つ上げ、それらの争点に対して彼らの主張する内容をことごとく否定している。

まず争点1として「債権者が被差別部落出身者であるか否か」について、争点2として「債務者が『同和地区Wiki』ウェブサイト上に本件人物一覧表を掲載し、あるいは同ウェブサイト上の管理者として、同表掲載の責任を負うか否か」について、争点3として「各行為の債権者に対する権利侵害の有無及び損害額の相当性」についてである。それらに対して横浜地裁相模原支部は明確な判断を下している。とりわけ争点2と3は重要な内容を含んでいる。

◉争点1　被差別部落出身者であるか否か

争点1では、決定で「債務者（鳥取ループ等）は、債権者が被差別部落出身者であることを否認する」と述べた上で、「しかし、債権者の陳述書によれば、債権者は、まさしく全国部落調査データに記載されている地区の一つの出身であることを述べているし、債権者が部落解放同盟の副委員長を務める者であることは債務者も争っていないところ、債権者が、子供のころから、被差別部落の出身者として嫌な思いをしてきたことがあり、面と向かって同級生から侮辱的発言を受けたことすらあった等と自らの経験を記載し、そのような屈辱的な思いがあって、学生時代から部落解放運動に参加するようになったこと等を記している。その内容は、十分に信用性があるというべきであって、債権者が被差別部落出身者であることについての疎明は尽くされているというべきである」と原告である債権者の主張を十分に信用性があると認め、彼らのネット上への公開行為によって損害を被る被差別部落出身者として認定している。彼らの主張は全く理解できないが、彼らの部落差別は現代には存在せず、よって被差別部落出身者も存在しないという誤った見解から導き出された結論と考えれば容易に見当がつく。

この裁判所決定は至極当然のことであるといえるが、重要な内容を含んでいる。今日、一部において部落差別は過去の問題であって、現代には存在しないという誤った見解が根強く存在している。そうした中で部落差別が厳然と存在していること、部落差別を受ける立場にある被差別部落出身者がいることを明確に認めた決定である。すでに立法府である国会が制定した部落差別解消推進法の第一条で「現在もなお部落差別が存在する」と明記されていることを司法においても明確に判示した意義は極めて大きい。部落差別問題に取り組む出発点は、部落差別が存在していることを認めることである。その意味で鳥取ループ等の誤った考え方を明確に否定した決定は今後の裁判に大きな影響を与える。

◉争点2　ウェブサイト管理者としての責任

争点2では、「債務者は、自らが本件人物一覧表を『同和地区Wiki』ウェブサイト上に掲載したことを否認し（中略）、自らが『同和地区Wiki』の管理者であることも否認している」とした上で、「しかしながら、債務者は、『同和地区Wiki』のドメインを所有し、自らこれを開設したことは認めている。（中略）少なくとも債務者は、本件人物一覧表等が掲載された『同和地区Wiki』の記事について、これを削除したり、データの掲載停止を行うことが可能な権限を有していることは明らかであって、債務者は『同和地区Wiki』の管理者であると認められる」と判示し、「そして債務者が、鳥取ループや示現舎名義のウェブサイト等の中で、同和問題に関する自らの主張を積極的にインターネット発信することを常としており、『同和地区Wiki』を開設したのも、そこに掲載した全国部落調査に、不特定多数の者による編集が入ることによって、その調査結果をより正確なものとすることを意図していたことが認められることに照らすと、債務者は、自ら開設した『同和地区Wiki』の掲載された記事内容については、常日頃から十分にチェックし把握していたものと考えられる」との認識を示した上で、以下のように決定している。

「かかる事情を前提とすると、管理者である債務者としては、『同和地区Wiki』のウェブサイト上に、他人の権利を違法に侵害している記事が掲載されていることに気づいた段階で、その管理者権限に基づき当該記事を削除するか掲載を停止する等、情報の送信を防止する措置を講じるべきなのであって、そのような措置を取ることなく放置した場合には、債務者自身が当該情報を掲載したと同視し得るものとして、当該違法な情報により生じた損害に対する賠償責任を負うものというべきである」と述べ、「本件人物一覧表は、部落解放同盟に関係する数百人規模の個人について、その氏名や住所、部落解放同盟における役職名、また人によっては（中略）、電話番号、生年月日等の個人情報が表示されたものであって、これらの情報が個人のプライバシーに属するものであることは明らかであり、その中には債権者の氏名、住所地、電話番号及びその所属する部落解放同盟における役職名も含まれていた」との事実と見解を示した上で違法性について以下のように示している。

◉プライバシーを侵害する違法掲載と認定

「債権者が、かかる個人情報を『同和地区 Wiki』に掲載することについて承諾したことがないのは明らかであるし、債権者を含む部落解放同盟の関係者として本件人物一覧表に載せられた個人の多くが、部落解放同盟の主張や活動方針と激しく対立する立場にある債務者が開設する『同和地区 Wiki』上に、これら個人情報を掲載することに承諾を与えるはずがないことは、債務者においても容易に理解できるはずのことである。

そして個人のプライバシーに属する事実を、本人の承諾なくインターネットで公開することは、事情によっては適法と認められることもあり得るが、争点3において後述するとおり、本件人物一覧表に関する限り、それをインターネットで公開することの正当性があるとは認められず、プライバシーを侵害する違法な掲載であることも明らかである」と異議審決定を行ったのである。極めて重要な決定であり、高く評価すべき決定である。彼らの差別的意図を明確に示した上で、管理者権限の範囲を正確に捉え「当該違法な情報により生じた損害に対する賠償責任」を厳正に認定している。

また本人の承諾のないインターネット上への個人のプライバシーに属する公開行為についても、本件人物一覧表に関しては、プライバシーを侵害する違法掲載と認定している。

上記の争点2の決定内容の意義も大きい。先述したように債務者は、人物一覧表を同和地区Wikiウェブサイト上に掲載したことも、管理者であることも否認した。しかし「決定」は、債権者の主張に基づいて彼らが「掲載したこと」も「管理者であること」も全て認定した。

まず同サイトの管理者であることは、①同サイトのドメインを所有していること（ドメインとは、ネットワークに接続しているコンピュータの場所を示すインターネット上の「住所」のようなもので他に同じものはない）。②自ら開設したことを認めていること。③同サイト上の記事について、削除や掲載停止を行う権限を有していることを明示した上で管理者として認定した。

◉本人の承諾なく公開すれば違法性を帯びると明示

そして彼らがウェブサイト等の中で、同和問題に関する主張を積極的に発信し、『同和地区Wiki』を開設したのも、そこに掲載した全国部落調査に、不特定多数の者による編集が入ることによって、その調査結果をより正確なものとすることを意図していた」と断じ、「掲載された記事内容については、常日頃から十分にチェックし把握していた」との認識を示して、他人の権利を違法に侵害している記事に対して、削除や掲載停止を講じるべきであって、「そのような措置を取ることなく放置した場合には、債務者自身が当該情報を掲載したと同視し得る」として、彼らが責任を負うと認定した。

さらに部落解放同盟に関係する数百人規模の個人について、住所や役職名、電話番号、生年月日は、個人のプライバシーに属するものであることを明示し、本人の承諾なくインターネットで公開することは、本件の場合、正当性があるとは認められず、プライバシーを侵害する違法な掲載であると明確に認定した。

つまり、すでに一定の条件の下に公開されている個人情報であったとしても、いかなる人物や組織等が、どのような条件下で、つまりどのような目的・場所・内容等の個人情報等を公開したかという五W一H（内容、関係、時間、場所、目的、態様）を示して、それらを本人の承諾なく公開すれば違法性を帯びるということを明示した上で、彼らの行為に違法性があるということを認定した意義は極めて大きい。これらは、これまでの部落差別撤廃の取り組みをはじめとする個人情報保護やプライバシー保護の国内外の取り組みの成果でもあるといえる。

一般的に個人情報とプライバシー情報に関しては整理しなければならない点があることも事実だが、本「決定」では氏名や住所、部落解放同盟における役職名、電話番号、生年月日等の個人情報がプライバシーに属するものであることを明確に認めた。とりわけ被差別部落出身者の場合、「全国部落調査」のようなものがネット上に公開されている現状をふまえれば、住所の公開によって不快や不安の念を覚えることは指摘するまでもないことであり、本人の承諾がないネット上への公開はプライバシー侵害行為であり、差別助長行為でもあるということが明確に認められた。

◉争点３　権利侵害の有無及び損害額の相当性について

以上のこともふまえて、争点3に関する「決定」文は、より明確に述べている。以下に「決定」文を紹介しておきたい。

争点3は「各行為の債権者に対する権利侵害の有無及び損害額の相当性」についてである。つまり彼らの行為を不法行為と認定するためには、権利侵害に該当するか否かは極めて重要なことであり、該当しなければ不法行為と認定できないことになる。

それらに対して横浜地裁相模原支部は彼らの行為が明確に権利侵害に該当すると「決定」文で認定している。

まず「決定」文で「(1) 我が国では、同和地区出身者に対するいわれなき差別が長く続いてきた歴史があって、国家もその深刻重大な社会問題を抜本的に解決するために長年同和対策事業を進めてきたことは公知の事実である。

それでもなお、近年でも、結婚の際の身元調査等によって同和地区出身者であることを知られれば、親戚らから結婚を反対されたり現に破談となったり、あるいは結婚や就職に先立ち、同和地区出身者か否かを調査するために戸籍を不正取得して興信所に売却する等の事件が起ったことがあって、一部の人々の間には、今なお同和地区出身者に対するいわれなき差別意識が厳然として残っていることが認められる。このような差別意識自体をいずれは完全に覆滅し、真に差別のない社会を築くためには、今後とも差別意識の表れとなるような言動や、差別的言動を増長させるような出来事を、排除するという努力を続けることが必要であろう」と部落差別の現状に関し原告側の主張を明確に認め、結婚差別の事実、戸籍不正入手が行われている事実、差別意識が厳然と残っている事実を指摘し、差別のない社会を築くためには差別意識の表れとなるような言動や、差別的言動を増長させるようなことを排除する努力の必要性を明記している。

3 「全国部落調査」一覧表が差別の拡散に

◉差別意識の形成、増長、承継に

先述した認識を示した上で、「決定」文は、「ところが、全国部落調査やその調査結果データを抽出した全国部落調査一覧表は、全国の同和地区の所在地を網羅的に記載した旧全国部落調査を復刻した上に、その現住所地まで付記する形で一覧的に整理したデータであるし、本件出版物はかかるデータ内容を書籍化したものである。かかる情報が広く一般に知られることは、現代において、かつての同和地区の所在地が広く知られることを意味するのであって、それによって、特定の個人が同和地区出身者もしくは居住者であるか否かを調査することを著しく容易にするものである。かかる機会の提供に伴い、特定の個人について、同和地区出身者か否かの身元調査をしようとする動機付けや実際にそのような行動に出る者が増大し、そのような言動の繰り返しが、同和地区出身者や現に同地区に居住する者に対するさらなる差別意識の形成、増長、承継につながっていくものとなるであろうことは容易に想定することができる」と示した。

つまり全国部落調査一覧表のようなデータによって、同和地区の所在地が広く知られることになるとともに、特定の個人が同和地区出身であるか否かを調査することを著しく容易にし、そのような行動を行う者が増大し、差別意識の形成や拡散、承継につながっていくと指摘している。

このような認識を明示した上で、「その意味で、債務者が、全国部落調査や、全国部落調査一覧表をインターネット上で公開したり、本件出版物の出版を意図してインターネット上でその予告をしたり、ツイッター上で全国部落調査一覧表を案内することで、全国部落調査の内容を、不特定多数の者に広く知らしめようとする行為は、債務者に差別助長の意図があるか否かにかかわらず、実際には差別意識の形成、増長、承継を助長する結果となるであろうことは明らかであるし、そうなれば、差別意識や差別的言動を撲滅しようとしてきた国家やこれに添う活動をしてきた個人や組織の長年の努力を、大きく損なうこととなりかねない。

一方債権者は、被差別部落の出身者として、自身も不当な差別的言動にさらされて心痛を被った経験がある上、長年部落解放同盟に所属して差別解消のための活動に従事してきた立場の者であるから、債務者の上記のような行為の結果、新たな差別意識が形成、増長、承継されるおそれが増大すること自体に、強い怒りや危機感、おそれを感じるのは当然のことと解される」と原告側の主張の正当性を明確に認めた。

つまり彼らに差別助長の意図があるか否かにかかわらず、彼らの行為が差別意識の形成、拡散、承継に直結し、それらの行為が、これまで多くの公私の機関が積み重ねてきた差別撤廃への努力を大きく損なうと述べている。そしてそれらの行為によって、被差別部落出身者が強い怒りや危機感、おそれの感情を抱くのは当然との認識を示したのである。

◉名誉権や差別を受けない権利の侵害に当たると認定

以上のような認識の下、「決定」は続けて以下のように述べている。「債権者の出身地が同和地区であったという事実は、債権者にとって広く社会に公開されたくないプライバシー情報であることは明らかであるし、同和地区出身者に対する差別意識を持つ人たちが、未だ一部に存在していると解される現在の日本社会においては、債権者が同和地区出身であると摘示されることは、その社会的評価を低下させ、名誉権を侵害するものというべきである。さらに、他者から不当な差別行為を受けることなく円滑な社会生活を営む権利利益は、『差別されない権利』という名称を付するか否かはともかく、人格権もしくは人格的利益の一つとして保障されるべきものと解するところ、日本国内でこれまで同和地区出身者に対する差別的言動が長く行われてきた経緯があったことに照らすと、債権者が、同和地区出身者であることを摘示されることは、それによって、現に差別的取扱いを受けていなくとも、いついかなる時に、知人のみならず見ず知らずの第三者からさえも、差別的取扱いを受けるかもしれないという懸念を増大させ、その平穏な生活を脅かすものとなるという点で、その権利利益を侵害するものといえる」と指摘し、①同和地区出身がプライバシー情報であること、②同和地区出身者に対して差別意識を持つ人がいまだに存在していること、③同和地区出身であることを摘示されることが社会的評価を低下させ、名誉権を侵害すること、④それらは人格権として保障されるべきこと、⑤そうした摘示行為が平穏な生活を脅かすものとなり権利利益を侵害するものであることを「決定」は明確に述べた。

債権者の主張をほぼ完全に認めたものであり、こうした行為が、私たちのプライバシー権、名誉権、また差別行為を受けることなく円滑な社会生活を営む権利利益を侵害するとの「決定」内容になったのである。

◉プライバシーのアウティングは違法行為

さらに「決定」は「そして確かに、債務者（鳥取ループ等）が、全国部落調査や全国部落調査一覧表をインターネット上で公開したり、インターネット上で本件出版物の予告をし、ツイッターで全国部落調査一覧表への案内をすることで、全国部落調査の存在を広く不特定多数の者に知らせたことは、それだけでは債権者の出身地地区が同和地区であったことを示す行為とはいえないが、債権者の出身地を現に知っているか、あるいは今後知り得る者らにとっては、債権者が被差別部落の出身者であることを把握し得る情報が公開されたものにほかならない。かかる行為は、債権者のプライバシー権、名誉権、また差別行為を受けることなく円滑な社会生活を営む権利利益を侵害するものというべきである」と述べ、冒頭で指摘したように「全国部落調査」を公開するなどの一連の行為が、被差別部落の出身者であることを把握し得る情報の公開と認定している。

そして「決定」は「債権者の個人情報を含む本件人物一覧表を、本人の承諾なくインターネットで公開することは、そこに掲載された個人の多くが公的地位にある者ではなく、その氏名住所等の個人情報が公共の利害に関する事項にあたるものでもなく、これをインターネット上で公表しなければならない必要性を認めるに足る事情もないことに照らすと、これを公開すること自体が、承諾なく情報を掲載された個人に対し、そのプライバシーを侵害する違法行為となることが明らかである」と述べ、先に指摘した「アウティング」（本人に承諾なくプライバシー情報を公表すること）であり、それがプライバシーを侵害する違法行為であることを明確に示し、彼ら（鳥取ループ等）の主張をすべて否定した。

その上で「決定」は「債権者は上記のようなプライバシー権、名誉権及び差別されることなく円滑な社会生活を営む権利利益を侵害されたことで、少なくとも相当の精神的苦痛を被ったことが明らかである」と述べ、そうした認定の下、「決定」は「結語」で「『同和地区Wiki』管理者として、本件人物一覧表のうち債権者の個人情報が記載された部分を、速やかに停止する等の措置を執ることなくこれを掲載したという不法行為に基づき、債権者は債務者（鳥取ループ等）に対し慰謝料二〇〇万円相当の損害賠償請求権を有する」と認定し、明確に不法行為と断定した。

◉部落差別撤廃に極めて大きな影響

本「決定」は、今後の部落解放運動に極めて大きな影響を与える。なぜなら一九七五年に発覚した「部落地名総鑑」は極秘裏に高額で販売され、多くの人々が見ることができるようなものではなかった。それが今回のネット上の「全国部落調査」は、インターネットにアクセスさえできれば、すべての人が閲覧できる状況になっている。調べたい人の現住所や本籍地等が分かれば、瞬時にその地が被差別部落か否かが分かるのである。

一方、ネット上で「同和」などとキーワード検索すれば、差別表現、差別扇動が嵐のように吹き荒れている。まさに部落差別を助長する武器をすべての人に提供しているのと同様のことが堂々と行われているのである。武器や兵器が戦争や紛争を激化させるように、彼ら（鳥取ループ等）の行為が、「決定」文で示されたように「差別意識の形成、増長、承継を助長する結果」に直結しているのである。特に同和教育をほとんど受けたことのない若い世代は、「ネット世代」であり、ネット上の部落差別「助長」教育に接している世代である。そうした差別助長教育に影響を受けた世代に対して、部落差別を行うための手段まで「全国部落調査」としてネット上に公開されているのである。

「ペンは剣よりも強し」という諺《ことわざ》がある。暴力に屈することなく表現の自由を駆使して、不正な権力者を追い詰める新聞記者やメディアの気骨を示した有名な諺である。「ペン」は「情報」のことであり、この諺を逆手に取ったような彼ら（鳥取ループ等）の行為は、まさに部落差別「情報」を駆使することで「剣」（暴力）よりも強い差別行為を行っているのである。被差別部落出身者にとって、ネット上の「全国部落調査」情報は、剣よりも恐れを感じるものなのである。それだけではない。ネット上に掲載された「全国部落調査」情報は、容易にコピーや保存ができ、部落差別を行う武器として、いつでも悪用することができるものになってしまったのである。

いまやインターネットは社会の隅々まで浸透している最重要インフラである。上記のように電子空間上の「全国部落調査」に関わる裁判の状況を詳述してきたのは、これからの部落差別撤廃の取り組みをはじめ社会に多大な影響を与えるのが、本裁判とも関連する電子空間上の差別事案だからである。インターネットやＩＴ（情報技術）革命の進化にともない部落差別解消推進法でも明記されたように、部落差別の状況が大きく変化していることを明確に理解しなければ部落差別撤廃を成し遂げることはできない。

電子空間上の差別事件には、先に示したように重大な特徴・傾向を持っており、今後の部落差別事件に決定的な影響を与えるといえる。

◉圧倒的な影響を与える歴史的裁判

第一章で示した電子空間上の差別事件の特徴・傾向や差別性・問題点、背景・原因をふまえれば、横浜地方裁判所相模原支部の決定が、部落差別撤廃にとっていかに重要なものであるかが理解できる。

かつて機械工学の進歩が人間の筋力を限りなく強大にしたように、情報工学の進歩が人間の意識を限りなく拡大し、差別意識や差別情報までも拡大してしまった。その典型的な事案が先に示した裁判の前提になっている事件であるとともに、無数の電子空間上の事件である。IT革命の影響で差別問題の分野でも、現実空間の事案以上に現実に影響を与えているのが、電子空間事案なのである。

このような状況をふまえれば、電子空間を悪用する差別行為者への的確な対応を行わない限り、部落差別問題の根本的な解決はあり得ないということは自明である。本事件は電子空間への取り組みが最重要課題になっていることを顕著に示した事案であるともいえる。その意味で「全国部落調査」復刻版差止め裁判は、部落解放運動の一課題ではなく、今後の部落解放運動に圧倒的な影響を与える歴史的裁判であることを肝に銘じるべきである。そうした視点で「決定」内容を正確に詳細に分析することは、今日の最大の部落差別事件を分析することでもある。

いずれにしても、「全国部落調査」がネット上に公開された事実は、先にも指摘したように部落差別撤廃の取り組みを大きく後退させた。「決定」も述べているように差別意識の形成、増長、承継を助長することは明らかである。これらの部落差別助長行為を克服することができるだけの教育・啓発の重要性とともに、先に指摘した背景・原因を克服する課題を推進する取り組みが求められている。

差別行為を激化させる「武器」があっても使用しない、させない、許さない法的措置や取り組みが強く求められているのである。こうした事態を厳正に受け止め、部落差別解消推進法の積極的な活用がなければ、二〇二二年に迎える全国水平社創立一〇〇年をより一層厳しい部落差別実態の中で迎えなければならないといえる。本裁判は部落差別撤廃への取り組みの後退か前進かの分水嶺ともいえる裁判である。

第四章　差別の連鎖を作り出す教育格差

1　差別を固定化する役割を担う教育

◉教育分野の格差拡大が進行

過去、現在、未来の差別を結びつけている主要な要因は教育にある。また差別意識や偏見を取り除くのに主要な役割を果たすのも教育である。しかし過去の差別状態を現在に移転させているのも教育であり、現在の差別状態を未来に移転させていくのも教育である。差別の世代間移転が教育を結節点にして起こっている。まさに差別の連鎖を作り出す役割を担っているのが教育になってしまっているのである。

教育分野の格差拡大が進行し、差別の世代間移転の役割を一層強固なものにしているのも教育である。本来、教育は差別の世代間移転を抑制し是正するものであり、その役割を担うものでなければならなかった。にもかかわらず、差別を固定化する役割を格差拡大社会の中で担わされている。

世界で最も個人負担分の学費が重いのは、日本、韓国、アメリカ合衆国である。別な視点でいえば公教育に対する行財政負担が最も少ないということであった。これは個人の財力によって受けることのできる教育が大きく変わるということでもある。

アメリカを例に考えてみよう。あくまでも一例であるが、行財政の厳しいアメリカの公教育から体育、音楽、美術の授業が消えつつあるという事態が進行している。これらの授業をなくすと教員の人件費を削減することができるからである。日本ではにわかに信じがたいが実際に起こっている。これらの地域には貧しい層だけが残り、中流以上の白人層が離れていく。これらの現象は「ホワイトフライト（白人の逃亡）」と呼ばれている。

逆に公教育の充実した土地は地価が高く豊かな人が居住する。学校ごとに公表される英語の統一テストの結果が、その土地の価格に影響を与え、居住階層と教育レベル、地価が明確にリンクされている。その結果、一九九〇年代からのアメリカ社会の格差拡大の進行が、裕福な層と貧しい層の棲《す》み分けを助長しているのである。低所得者が住み始めると土地の値段が下がり、教育レベルもさらに下がるという構図ができ上がっている。

◉幼稚園の年間授業料は約二三〇万円

一方、裕福な層は教育にかなりの金をかけ、経済力を得るためのチケットを買っていく。マンハッタンにある「名門」幼稚園は競争率二〇倍にも達している。これらの幼稚園はほとんどのところで一貫教育制度をとっており、高校までは無試験で進学でき、卒業生はハーヴァード大学をはじめとする「名門トップ大学」に進学していく。これらの一つである幼稚園の年間授業料は、日本円に換算して約二三〇万円である。保護者が高校までの一三年間に支払う授業料及び諸経費は約四〇〇〇万円になる。

アメリカの場合、クウォータ制度という割り当て制度が導入されているため、成績が良くても必ず入れるとは限らない。レガシー(家族が卒業生)、寄付を行った人、マイノリティーが優位になるが、それでも上記の多額の授業料等を負担する経済力が求められる。

さらに子どもの知能テストと面接テストだけでなく、親にも作文と面接のテストが課せられるところも多い。どちらにしても貧しい層が行けないのは確かである。それらの教育事情が次世代の経済力、文化力、人間関係力、自尊感情力と密接に結びつき、差別の再生産構造として機能している。

◉学力や学歴を通して差別が再生産

一方、日本でも同様の傾向は進行している。非正規雇用の人たちが増加し、フリーターと呼ばれる人々の平均年収は、少し古いデータであるが二〇〇五年時点で一六七万円であった。これらのフリーターの最終学歴は、中卒・高卒が約七〇％（男性七一・三％、女性六五・〇％）で、大卒が約一〇％（男性一二・五％、女性八・〇％）となっており、学歴が雇用条件と密接に関係していることが分かる。また雇用条件は経済状態に結びつき、経済は生活につながり、生活はその人たちの文化的背景や学力とも結びついている。さらに学力は学歴につながり、負の循環が連綿と続いているのである。学力や学歴、文化を通して差別が再生産される構図が強化されている。

ＯＥＣＤ（経済協力開発機構）加盟国の中で統計数字が明らかになっている三〇カ国で、ＧＤＰに占める教育費の割合は、日本は二九位であった。日本は教育にお金をかけなければ発展できない国である。石油などの資源が豊富にあるわけでもなく、国土が広いわけでもない。にもかかわらず教育に対する公的支出は十分なものではない。公教育に対する予算が削られたとき、最も影響を受けるのは貧困層の子どもたちである。教育にお金をかけることができない家庭は、質の高い教育を受けさせることができず、先に紹介した負の循環が際限なく続くことになる。

●世代間移転で重要な役割を果たす教育

親から子への世代間移転ができる資本には、経済資本、文化資本、社会関係資本、感情資本などがある。経済資本は一定の額を超えると相続税等がかかってくる。その他の資本の世代間移転は、子ども自身の努力とも関わっているため見えにくく、もちろん相続税もかからない。これらの世代間移転で最も重要な役割を果たすのが教育である。

経済資本も教育と密接に関わっている。親から相続する動産・不動産は直接的な財産である。それら以外にも事実上経済資本を子どもは受け継ぐことになる。それは子の時代に親から教育に関わって経済支援を受けることによって、より高学歴で専門性の高い知識・技能を身につけることができる相続であるともいえる。それは自身の所得を増やし、財産形成に大きな好影響を与え、経済的な財産相続と同様の効果をもたらすことになる。

それだけではない。専門性の高い知識・技能は、文化資本、社会関係資本、（自尊）感情資本にも積極的な影響を与える。専門性の高い知識・技能は、学力や文化的な水準に直接的な好影響を与え、社会関係資本をさらに広げる。また自信や誇りを養い感情資本をさらに強化する。別言すれば専門性の高い知識・技能を持ち、高い感情資本を持つ人のところには大きなネットワークが形成される。

◉教育が好循環・悪循環の起点になる

また、これら四つの資本は全てつながっている。経済資本の有無やその量が、その他の資本と密接に関わっており、経済資本が文化資本や感情資本に結びついていることは先に述べた通りだ。例えば、志望大学に入ろうとすれば、本人の能力・努力・適性と関わっていることも現実であるが、一定のお金をかけて教え方のうまい高額の予備校に行くか、専門的な家庭教師についたほうが有利であることも事実である。

社会関係資本についても、どのような家庭で育つのかによって、人的ネットワークが大きく異なる。東京大学に通っている学生に「あなたの周りに東京大学を出た人はいたか」と聞くと、多くの学生の周りに東大出身者がいる。こうした社会関係資本、ネットワーク資本の影響は他の資本にも積極的な影響を与える。

これらのベースが教育なのである。ベースである教育が先にも述べたように好循環の起点になるか、悪循環の起点になるかによって、個人の人生も大きな影響を受ける。これは貧困層の固定化、差別の固定化にも重大な影響を与える。

先に例示した好循環の逆を想定すれば、負の循環は容易に理解できる。かつてのような終身雇用制度等が崩壊している下ではなおさらである。中学・高校を卒業して企業内で努力すれば一定の昇進が可能で、終身雇用が多くの企業で保障されていた時代、貧しくても努力すれば企業内でも一定の専門的なトレーニングを受けることができた時代なら、貧困層の固定化は起こらなかった。現在は貧困層が固定化されるような社会システムが厳然と存在している。

こうした時代背景の下、経済資本が少なく十分な教育を受けられなければ、高い知識・技能は身に付けられない。経済力をバックにした親のサポート力によって、子どもが受けることができる教育水準が決まり、その水準が人生に大きな影響を与える。親が子どもを何歳まで支えられるのかによって、子どもの持てる知識・技能に大きな差が出てくる。義務教育までしか支えられない親か、高卒までか、大卒までか、あるいは大学院修了までかによって子どもの人生は異なってくる。

◉教育を媒介にして貧困層・被差別層が固定化

親・祖父母の経済力が教育格差につながっているのである。いまや祖父母が孫の教育にお金を出すということが珍しくない。自身の老後と孫の教育費を天秤にかけて悩んでいる人も少なくない。これが日本の教育を取り巻く現状である。

質の高い教育を受けることができなければ、文化資本を養うことができず、感情資本にも積極的な影響を与えることができない。もちろん親が貧しくても貧困状態を乗り越えて文化資本、感情資本、社会関係資本を高め、たくましく人生を生き抜いている人は数多くいる。しかし親の経済資本と子どもの教育水準は密接な相関関係にある。経済的なサポート力のない親は、子どもに相続すべき財産もほとんどなく、子どもが経済資本を高めるための高い知識や技能を身に付けるための教育も保障できないことになる。その結果、教育水準を媒介にして貧困層の固定化、被差別層の固定化が進行しているのである。

その根源は、まぎれもなく国の教育政策にある。フランスの教育政策は日本とは大きく異なり、貧しい層が質の高い教育を受けられるようになっている。端的にいえば親の経済力に規定されない子どもの教育水準なのである。スウェーデンでは鉛筆やノートに至るまで公的機関が支給する。フランスやスウェーデンも多くの社会矛盾を抱えているが、少なくとも教育における機会均等を徹底しようとする政策、教育面の個人負担を軽減する政策は、日本も謙虚に学ぶ必要がある。

日本では、子どもを高校から大学へ行かせる七年間で平均一〇〇〇万円（二〇〇四年度「文部科学白書」）が必要になり、保護者世代に大きな負担となっていた。現在では高校教育の無償化等によって改善されてきたとはいえ、まだまだ厳しい実態にあることに変わりない。生まれた家庭によって子どもが受けられる教育が決まってしまう社会は活力がなくなり、努力すれば可能性がある社会は活力が増すことになる。ＯＥＣＤは一九九五年頃から日本の貧困層の固定化が始まっており、貧しい親から生まれた子は貧しくなると指摘し、これらを是正するために日本の貧困層に質の高い教育を受けられるような政策を遂行する必要があると提言してきた。まさにＯＥＣＤのいう通りだ。公教育に他国以上のお金をかけ、貧しくとも能力が磨け、夢が実現できる社会であれば、日本の活力も差別撤廃もより良い方向に進むといえる。

2　一つの行政データが示す差別の根深さ

◉半分しかない大学進学率

二〇〇九年一二月一七日、大阪府同和問題解決推進審議会総会が開かれた。審議会の委員として出席していた私は、事務局から「行政データを活用した実態把握報告」（二〇〇五年データ）を受けて、改めて部落差別の根強さを感じざるを得なかった（二〇〇五年データが最後のデータであり、その後のデータは取られていない）。

地区の環境改善をはじめとするハード面の改善は進んでも、教育をはじめとするソフト面の改善は、いまだ解決していないことを具体的な数値は明確に示していた。以前から地域の教育実態を極めて厳しいと認識していたが、それが具体的な数字で示されたことによって一層鮮明になった。十分に認識していた実態を再確認させられたといったほうが正確かもしれない。

大阪府から示された客観的な行政データは、以前から部落解放運動が求めてきたものであったが、大阪市のデータ提出が遅れた末に、不十分なものとなって三年ぐらい遅れての公表となった。本来なら二〇〇六年か〇七年に公表されていなければならないものであった。その行政データの一つが、大阪府立高等学校に在籍する生徒の大学進学率に関するデータである。データでは対象地域いわゆる同和地区の大学進学率（大学・短大）が二四・一％で、府全体では四二・六％となっていた。府立高等学校に在籍する生徒だけでも同和地区の大学進学率は、府全体の半分強に止まっている。

二〇〇〇年データでも、同和地区が二七・九％に対して府全体は四九・七％であり、同和地区の大学進学率は府全体の半分強であった。二〇〇〇年の同和地区の数値は、大阪府立、大阪市立、私立の高等学校等修学奨励費を受給している生徒の数値であり、府全体は、国立、公立、私立の生徒（全日制・定時制）の数値である。

同和対策の高等学校等修学奨励費制度が存在していた二〇〇〇年データと、その制度がなくなっていた二〇〇五年データの府全体比率の数値がほとんど変わっていないのは、府立高等学校に在籍する同和地区生徒のほうが私立学校に在籍する生徒より大学進学率が高いと考えているからである。よって私立高等学校のデータをプラスすれば格差はさらに広がると推測される。

◉十分な成果を収めていない教育課題

また奨学金制度の変更と今日の格差拡大社会の影響を受け、先に指摘した私立のデータを加味することができたなら、大阪府全体と同和地区の格差はさらに拡大していると予測することができる。これは大阪府だけの教育実態ではない。若干の数値の違いはあっても同様の傾向が他の都府県の同和地区でも指摘できる。

これら教育問題を解決しない限り部落差別の撤廃はあり得ない。土地差別調査事件で明らかになった教育・地域・階層の強固なトライアングルを溶解させることは極めて難しい。三つのトライアングルを溶解させる上で最も重要なものは教育である。そのために部落解放運動は奨学資金制度をはじめとする教育政策実現に大きな力を注いできた。しかし学力や大学進学率は十分な成果を収めていない。

オバマ米国大統領は、二〇〇九年二月二四日に行った初の施政方針演説で教育政策に関連して「知識が最も価値ある売り物になるという世界経済において、良い教育は、もはやチャンスをつかむための道筋ではなく、必須条件です」と述べており、教育の重要性を明確に説いている。

また同演説で「これは景気後退を克服するための処方箋です。現在、教育で私たちを凌《しの》ぐ国は、将来、競争力で私たちを凌ぐことになるでしょう。だからこそ、この政権は、すべての子どもたちが生まれてから働き始める日まで、競争力を養える、申し分のない教育を受けられるようにすることを目標としているのです」と語っている。

これを今日の同和地区に重ね合わせて考えるなら、低い教育水準を克服しない限り部落差別撤廃はあり得ないということだ。「知識が最も価値ある売り物になるという」時代に「必須条件」としての教育に大きな格差が存在しているということは、差別実態を改善していく上で、致命的ともいえる問題なのである。

まさに「教育で私たちを凌ぐ地域は、将来、競争力で私たちを凌ぐことになる」のは明白なことであり、「教育で遅れをとる地域は、将来、多くの面で遅れをとる」ことになるのである。その教育においていまだ差別実態は改善されておらず、「将来、多くの面で遅れをとる」厳しい状態は改善できていないのである。

◉生活、雇用、福祉と結びつく教育課題

誤解がないように申し上げておくが、私は競争力を養うためだけの教育のことを一面的にいっているのではない。教育は個人にとって、幸せや自己実現のための必須条件なのであり、本来、もっと伸びたであろう学力が伸びないことに大きな問題を感じているのである。学力が伸びない原因の一つが、累積的差別の結果である経済的・文化的低位性である。経済力、文化

力の低位性のために伸ばすことができない状態、負の連鎖が連綿と続いているのである。

文部科学省が公表している二〇〇八年度の「子どもの学習費調査」では、塾や家庭教師などの「補助学習費」と英会話やピアノ、スポーツなどの習い事や本代といった「その他の学校外活動費」は、子どもを私立小学校に通わせている年収一二〇〇万円以上の世帯で年間平均七二万九〇〇〇円で、公立の小学校に通わせている年収四〇〇万円未満世帯は一三万四〇〇〇円となっており、五倍以上の格差が存在する。これらの実態はより顕著になっている。

低学力をはじめとする教育実態は、学校教育現場だけの問題ではない。実際の教育問題を解決していこうとするとき、生活、雇用、福祉、経済状況などあらゆる分野と結びついていることを思い知らされる。

保護者の経済的文化的な困難さが、子どもの学力や生活、考え方、価値観に端的に反映される。また学力に対する保護者の考え方や価値観が子どもにも反映され、それらが子どもの学力伸長に悪影響を与えていることも少なくない。

◉日本社会全体の重要な課題である

先に経済資本、文化資本、社会関係資本、感情資本の関連について紹介したが、間違いなく負の相続（世代間移転）が続いているのである。これらを断ち切らない限り同和地区の教育、雇用、生活などソフト面の実態は根本的に改善されない。

その原点は先にも指摘したように教育にある。そして教育に圧倒的な影響を与えるのが経済力なのである。先に示した「子どもの学習費調査」の結果を見るまでもなく、これまでの多くのデータが示している。

これらはまた被差別部落特有の課題ではない。日本社会全体の重要な課題である。被差別部落にはこれらの問題が集中的に現れているのである。だからこそ社会矛盾が集中的に現れている被差別部落の課題を克服することが、社会全体の課題を解決することにつながるのである。

逆にいえば日本社会に現出している社会的矛盾を解決するような施策は被差別部落の課題を解決するのにも役立つのである。しかし集中的に現れている課題を解決するためには、単純に一般的な施策を適用するだけでは十分ではない。なぜ集中しているのかといった原因・背景を掘り下げ、それらを克服するような政策が、一体となって展開されていく必要がある。

◉貧困の最も大きな犠牲者は子ども

米国の研究でも家庭の経済力の差が学力に影響を与えるだけではなく、子どもの身体や健康、情緒面など広範囲に深く影響を与えることが指摘されている。

欧米では保護者の貧困を基盤とした子どもや若者の貧困を放置すれば、結果的に将来、社会的コストが大きく増加するというコンセンサスができ上がっている。社会的弱者を弱者のまま放置しておくことが、社会全体のマイナスになるという現実を冷静に見つめていく必要がある。

貧困による最も大きな犠牲者は子どもである。その子どもたちは貧困の犠牲者であるだけではなく、大人になっても貧困状態が続く可能性が高い貧困層の予備軍でもある。

貧困は生きる意欲をも失わせる力を持ち、勉学意欲とも密接に関わっている。さらに将来への希望を抱きにくくさせる。「諦めのこころ」を増幅させ、「希望のこころ」を縮小させる。それが学力を獲得しようとする意欲すら殺ぎ落とすのである。

まさに教育をはじめとする子どもへの対策を軽視することが、将来の社会を危うくするのである。「全ての道はローマに通じる」がごとく「全ての課題は教育に通じる」といえる。「人材が全てを決する」といった視点はここでも当てはまる。

教育は全ての課題と密接に結びついている。子どもの貧困を克服し、教育に力を注ぐことは将来の社会を支える礎である。教育は子どもの将来の雇用対策であり、貧困対策である。

福祉社会に依存する層から福祉社会の担い手をつくる福祉政策でもあり、オバマ米国大統領が指摘しているように経済対策でもある。

私は安易な自己責任論に組しない。安心できる確実なセーフティーネットもない社会で自己責任論を強調するのは間違っている。教育の機会均等すら十分に守られていない社会的環境で自己責任論を唱えることは無責任以外の何ものでもない。

いま一度、部落解放運動も行政をはじめとする社会の政策立案分野も、人権確立をはじめとする日本社会が抱える多くの問題を解決するために、「一に教育、二に教育、三四がなくて五に教育」の視点で取り組む必要があると考えている。

3　全ての課題は教育に通じる

◉マシュマロ・テスト――自制心の研究

後述する内閣総理大臣に提出された同和対策審議会答申（以下「答申」という）は、「4．教育問題に関する対策」の「（2）具体的方策」のところで「同和地区子弟の学力の向上をはかることは将来の進学、就業ひいては地区の生活や文化の水準の向上に深い関係があるので、他の施策とあいまって、児童生徒の学力の向上のため、以下に述べるような教育条件を整備するとともにいっそう学習指導の徹底をはかること」と述べその重要性を強調した。

しかしいまだ「答申」が指摘したことを達成することはできていない。それ以上に学力をはじめとした低位性の改善は大きく遅れている。それが進学や就業に悪影響を与え、経済的低位性や生活水準の低位性につながってきた。さらに教育水準の低位性にも結びつき、被差別部落の低位な実態に大きな影を落としている。いったい何が原因なのだろうか。

二〇一五年九月六日の毎日新聞書評欄に『マシュマロ・テスト―成功する子・しない子』（ウォルター・ミシェル著）の書評が掲載されていた。マシュマロ・テストは、私もかなり前から興味を持っていた研究成果で、被差別部落の子どもたちの学力向上に活用できないかと考えていた。その研究成果は教育学者でない私の生い立ちや実感と多くの点で重なっていたからである。

マシュマロ・テストと呼ばれる研究は、コロンビア大学の心理学者で上記の著者でもあるミシェル教授のスタンフォード大学（当時の勤務校）の保育園で行われた四歳児の「自制心」に関する研究である。研究は一部屋に一八六人の子どもを集め、マシュマロを差し出して、「いつ食べてもいいけれど、大人が部屋に戻ってくるまで我慢できればマシュマロを二つ食べられる」とだけ伝えて、大人は部屋から退出し、その後の子どもたちの反応を見る実験である。一五分後、大人が部屋に戻ってきたとき、約三分の一は一五分間我慢して二つのマシュマロを手に入れることができた。残りは我慢できずにマシュマロを食べてしまったという実験結果になった。その後ミシェル教授は、彼らの人生を追跡調査し、高校生になったときには学力を含め両者の間にかなりの格差が生じていたことを明らかにした。

◉自制心は子どもでも大人でも育むことは可能

毎日新聞の書評でも「本書によれば、実験でマシュマロを食べるのを何秒我慢できたかということで、子どもたちの将来について多くが予想できるという。『四歳か五歳のときに待てる秒数が多いほど、大学進学適性試験の点数が良く、青年期の社会的・認知的機能の評価が高く、『二七歳から三二歳にかけて、肥満指数が低く、自尊心が強く、目標を効果的に追及し、欲求不満やストレスにうまく対処できた』のだ」と記されていた。そしてこの自制心は「子どもでも大人でも育むことは可能」と述べられている。

以上の自制心を含む能力は「非認知能力」や「非認知スキル」と呼ばれており、学力テストで評価される「認知能力」とも密接に結びついていることが明らかになっている。

一方、学力と家庭の経済水準も密接に結びついていることも、東大生の親世帯の平均年収の高さに代表されるように多くの研究が明らかにしている。また非認知能力と家庭の経済水準も密接に関わっていることがこれまでの研究で明らかになっている。

学校は学力などの認知能力を高めるところだと単純に考えている人々も多いが、学校は非認知能力を向上させる上でも大きな影響があると考えられる。

●自制心や創造性などの非認知能力が重要

これらの「家庭」や「学校」、「地域」などの子どもを取り巻く環境が、認知能力や非認知能力にどのような影響を与えているのかを解明することは、貧困と低学力の問題を少しでも解決することにつながる。

認知能力に関する理解は、学力をはじめとする能力だと多くの人々は認識しているが、非認知能力への理解は、教育者や教育学者以外ではあまり進んでいない。

改めて「非認知能力」について整理しておくと以下のように述べることができる。①自分に対する自信ややり抜く実行力などの「自己認識」、②やる気があり意欲的であるなどの「意欲」、③忍耐強い、ねばり強い、根気がある、気概があるなどの「忍耐力」、④意志力が強い、精神力が強い、自制心があるなどの「自制心」、⑤自身の理解度を把握し、自身の状況を把握するなどの「能力」、⑥リーダーシップがあり、社会性があるなどの「社会的適性」、⑦すぐに立ち直り、うまく対応する「回復力と対処能力」、⑧創造性に富み、工夫する能力である「創造性」、⑨外交的、好奇心が強い、協調性がある、誠実などの「性格的適性」などの総合的能力である。

◉非認知能力は、認知能力とも密接に結びつく

これらの総合的能力としての非認知能力は、認知能力とも密接に結びついている。学校を卒業してからの様々な仕事や活動で求められるのは、一般的に認知能力よりも非認知能力のウェイトが高い。私の個人的な経験や実感からも、認知能力以上に非認知能力のほうが重要ではなかったかと思うことがしばしばある。私が関わった多くの人々を観察していても非認知能力の高い人々のほうが、社会的に大きな役割を果たしていることが多かった。

また非認知能力の高い人々は、おおむね認知能力も高かった。ただしここで述べている認知能力は学歴や学校歴とは必ずしも一致しない。

部落解放運動のこれまでのリーダーで周りから尊敬を集めている人々は、部落差別の結果、

学歴は必ずしも高くなかったが、非認知能力に優れ、自身の努力によって学校で学んだ以上のことを独学で学び、認知能力を高めてきた人々も多かった。あるいは認知能力は高くないが、部落解放運動のリーダー的立場に立つことによって、非認知能力を高めた人々も少なからずいた。

◉「本をよく読む子」は「賢い子」か

逆に貧しい生活環境におかれた被差別部落出身の人々の中には、認知能力を高めるために人一倍努力をしてきた人々も多くいた。そうした人々は認知能力を高める努力を通して非認知能力を獲得してきた人々も数多くいた。部落解放運動には結集しなかったが、社会的地位を築き、一定の役割を果たしている人々も少なからずいた。残念ながらこうした人々の多くは、被差別部落出身を隠し通すことにも多くの神経を使わざるを得なかった。

社会的地位を築けば築くほど被差別部落出身者を隠さなければならないようになったのである。そのような方々から自身の出身を打ち明けられることがある。それは私が決してそのことを口外しないと信じてくれているからである。私は被差別部落出身を隠す必要などないと考えているが、本人は「ふるさとを隠すこと」を最重要課題にしていると感じることがたびたびあった。本人の意向を最大限尊重し、これまでも守秘義務を貫いてきた。

本題から脱線してしまったが、話を本題に戻そう。上記のように認知能力と非認知能力は密接な関係にあると指摘できる。しかしこれは「因果関係」ではなく「相関関係」のように思える。相関関係とは、例えていうなら「本をよく読む子」と「賢い子」の関係である。一般的に「本をよく読む子」は「賢い子」といわれるが、これは因果関係ではなく、相関関係である。「本をよく読む」から「賢い」のか、「賢い」から「本をよく読む」のかは分からない。まさに因果関係ではなく相関関係である。

◉自尊感情と学力は因果関係か相関関係か

同様に「非認知能力」が高いから「認知能力」も高いのか、「認知能力」が高いから「非認知能力」も高いのかは明確ではない。これまで同和教育や人権教育の分野で「自尊感情」の重要性がいわれてきた。それは自尊感情を高めることを通して、被差別部落の学力向上や人権感覚の向上にも結びつくと考えられたからである。自尊感情を育むことはいまも重要だと考えているが、この自尊感情と学力も相関関係の側面が強いのではないかと考えている。つまり自尊感情が高いから学力が高いのか、学力が高くなることによって「自尊感情」が高くなるのか明確に分からなかったからである。たしかに相関関係にあることは間違いない。しかし因果関係とまで断定できるかは少し疑問が残る。

いずれにしても非認知能力と認知能力の両方を高めることは「答申」でも指摘しているように極めて重要な課題である。一部の保育園や学校で、「自制心」をはじめとする「非認知能力」を重視した教育プログラムを実践することを通して、学力向上等に積極的な影響を与えようと実践しているところもあるといわれる。

◉全ての課題は教育に通じる

先に紹介したように教育は売り物にするために受けるのではなく、生きる力をはじめとする崇高な理想のために存在すると考えているが、貧困からの脱却に教育が重要な役割を果たしていることは自明のことである。子どもたちは貧困の犠牲者であるだけではなく、大人になっても貧困状態が続く可能性が高い貧困層の予備軍でもあると指摘されている。被差別部落の子どもたちをはじめとする貧困層の子どもたちが「貧困層の予備軍」にならないようにするためにも「非認知能力」の向上は最重要課題といえる。

すでに述べてきたように親から子への相続は、経済資本だけではなく、文化資本や社会関係資本、感情資本がある。教師によっても変えることができる文化資本・感情資本という非認知能力に視点をおいた教育をこれまで以上に重視する必要がある。

教育は雇用対策や貧困対策、福祉政策、経済政策と密接に結びついている。すべての課題は教育に通じるといっても過言ではない。いま一度、被差別部落の教育実態に焦点を当てた非認知能力の向上という視点を重視する必要があるのではないだろうか。

第五章

「同和対策審議会答申」と今日の部落差別

1 残された課題を総括すべきとき

◉成果と課題を明確にすべきとき

一九六五年八月一一日にその後の同和行政に圧倒的な影響を与えた同和対策審議会答申(以下「答申」という)が出されて半世紀以上が経過した。この半世紀間に社会も同和行政を取り巻く情勢も大きく変化した。「答申」には不十分な部分もあるが、名実ともに同和行政の「バイブル」として国や地方自治体の施策に大きな影響を与えた。部落差別解消推進法が施行(二〇一六年一二月一六日)されたこともふまえ、行政関係者だけでなく部落解放運動をはじめとする部落差別撤廃に関わっている教育、企業、宗教、労働組合関係者等に再読してほしい答申である。

半世紀を経ても部落差別は厳然と存在している。いま一度、「答申」の精神をふまえ、何が達成されて何が残されているのか、成果と課題を明確にすることが重要だといえる。本書でその膨大な分析を展開することはできないが、部落解放運動は、「答申」を出させた原動力として、また「答申」を活用して部落差別撤廃行政を推し進めてきた責任として、「答申」実現の総括を行政に求めるとともに、自らも部落解放運動の視点で整理・分析する必要がある。

その視点・論点は多岐にわたるが、総括的に人権状況全般に関わる時代や社会はどのように変化したのか、政界・官界・経済界をはじめとする各界はどのように変わったのか、情報化の進展にともなって社会や差別状況がどのように変化したのか等をふまえた総括が求められている。この半世紀間に部落解放運動はどう変わり、部落差別の現象面として現れる差別実態、差別意識、差別事件はどこまで克服されたのか、さらに政治、経済、法律、意識等はどのように変化したのかを明確に分析し、今後の部落解放運動や人権確立運動、部落差別撤廃行政の方向性を示す必要がある。

◉差別に対する法的規制はできたか

まずテーマの関係で引用が長くなることをお許し願いたい。例えば「答申」は「5．人権問題に関する対策」の「(1) 基本的方針」のところで「日本国憲法は、人種、信条、性別、社会的身分又は門地により、政治的、経済的、又は社会的関係において差別されないことを基本的人権の一つとして保障し、立法その他の国政の上でこれを最大に尊重すべき旨を宣言している。

しかし、審議会による調査の結果は、地区住民の多くが『就職に際して』『職業上のつきあい、待遇に関して』『結婚に際して』あるいは、『近所づきあい、または学校を通じてのつきあいに関して』差別をうけた経験をもっていることが明らかにされた。しかも、このような差別をうけた場合に、司法的もしくは行政的擁護をうけようとしても、その道は十分に保障されていない。

もし国家や公共団体が差別的な法令を制定し、あるいは差別的な行政措置をとった場合には、憲法第一四条違反として直ちに無効とされるであろう。

しかし、私人については差別的行為があっても、労働基準法や、その他の労働関係法のように特別の規定のある場合を除いては『差別』それ自体を直接規制することができない。

『差別事象』に対する法的規制が不十分であるため、『差別』の実態およびそれが被差別者に与える影響についての一般の認識も稀薄となり、『差別』それ自体が重大な社会悪であることを看過する結果となっている」と明記し、「(2)具体的方策」として「(Ⅰ)差別事件の実態をまず把握し、差別がゆるしがたい社会悪であることを明らかにすること。(Ⅱ)差別に対する法的規制、差別から保護するための必要な立法措置を講じ、司法的に救済する道を拡大すること」と明確に述べている。しかしいまだに「差別に対する法的規制、差別から保護するための必要な立法措置を講じ、司法的に救済する道を拡大すること」はできていない。

◉「地名総鑑」ですら法規制ができていない

差別図書「部落地名総鑑」は、いまだ法的に規制されていない。第七の「地名総鑑」を作成・販売したH秘密探偵者は全く反省せず、「地名総鑑」を作成・販売して「何が悪いのか」、「どの法律に違反しているというのか」と東京法務局の担当者に凄《すご》んで見せたほどである。それだけではない。先の章で述べたようにネット上には「部落地名総鑑」と同様の内容が誰でも見られるような状態になっている「全国部落調査」差別事件が発生している。恐るべきできごとである。

ご存じのように「地名総鑑」事件は一九七五年に発覚した事件であり、「答申」から一〇年後の事件である。そして現在は事件から四五年近くを迎えようとしている。しかしいまだに国際的な責務でもあり、政治責任、行政責任になっている人権侵害救済法や人権擁護法、差別禁止法は成立していない。部落差別が完全に撤廃され、部落差別に基づく人権侵害が発生していないなら部落差別を対象に含む法の必要はないが、ネット上をはじめ差別扇動、差別記述は横行している。また人権侵害救済に関わる法の必要性は、「答申」だけでなく人権擁護推進審議会も同様の答申を二〇〇一年五月二五日に明らかにしている。二一世紀に入ってから出された同様の答申ですら実行されていない。成立したのは先に紹介した理念法的な部落差別解消推進法だけである。

「地名総鑑」についていえば、一九八五年三月二〇日に大阪府議会で成立した「大阪府部落差別事象に係る調査等の規制等に関する条例」が、「地名総鑑」事件から一〇年後に成立して「地名総鑑」を作成・販売していた興信所・探偵者の一部行為を規制できただけである。

◉問題の解決は焦眉の急といわれたが

「答申」は、その中で最も重要な記述といわれる「前文」で「いうまでもなく同和問題は人類普遍の原理である人間の自由と平等に関する問題であり、日本国憲法によって保障された基本的人権にかかわる課題である。したがって、審議会はこれを未解決に放置することは断じて許されないことであり、その早急な解決こそ国の責務であり、同時に国民的課題である。（中略）問題の解決は焦眉の急を要するものであり、いたずらに日を重ねることは許されない状態にある」と明記し、「政府においては、本答申の精神を尊重し有効適切な施策を実施して、問題を抜本的に解決し、恥ずべき社会悪を払拭して、あるべからざる差別の長き歴史の終始符が一日もすみやかに実現されるよう万全の処置をとられることを要望し期待するものである」と述べている。「焦眉の急を要する」と指摘され「万全の処置をとられることを要望」されたにもかかわらず、半世紀以上を経た今日においても「答申」で指摘された具体的課題が実現されていない。政治や行政の明確なサボタージュである。

上記の一例をみても部落差別解消推進法施行をふまえ、「答申」から半世紀以上を経たこの時期に、先に述べたように「成果と課題」を明確にする意義は極めて大きい。

◉差別実態がどの程度克服されたか

さらに「答申」は、実態調査をした結果として附属報告書を添付し、「焦眉の急を要する」

劣悪な実態調査結果を「きわめて憂慮すべき状態にあり、関係地区住民の経済状態、生活環境等がすみやかに改善され平等なる日本国民としての生活が確保されることの重要性を改めて認識したのである」と述べている。これら「憂慮すべき状態」と指摘された実態は十分に改善の成果を上げることができたのだろうか。大阪府が行った二〇〇〇年実態調査結果からも、全国の地方自治体が行った実態調査からも十分な成果が上がっていないことが明らかになっている。こうした状況が二〇〇二年三月の「特別措置法」失効後、格差拡大社会の深化とともにさらに悪化している。

「答申」は、第1部で「同和問題の認識」を示し、その中で「1. 同和問題の本質」、「2. 同和問題の概観」を述べ、第2部で「同和対策の経過」を記し、第3部で「同和対策の具体案」を課題別に明記している。その中で「1. 環境改善に関する対策」、「2. 社会福祉に関する対策」、「3. 産業・職業に関する対策」、「4. 教育問題に関する対策」、「5. 人権問題に関する対策」の各々について、「基本的方針」と「具体的方策」を詳述している。

先に紹介した法的規制等は先述したように「5. 人権問題に関する対策」のところの記述である。これらのところで明記されている基本方針と具体的方策が十分に展開されたのか否か、また第1部や附属報告書で明らかにされた差別実態がどの程度克服されたのかを十分に検証する必要がある。

◉「答申」の精神・課題はいまも生き続けている

部落差別の定義を「答申」は「市民的権利、自由の侵害にほかならない。市民的権利、自由とは、職業選択の自由、教育の機会均等を保障される権利、居住および移転の自由、結婚の自由などであり、これらの権利と自由が同和地区住民にたいしては完全に保障されていないことが差別なのである。これらの市民的権利と自由のうち、職業選択の自由、すなわち就職の機会均等が完全に保障されていないことが特に重大である」と明確に規定している。しかし半世紀が経過した今日、教育の機会均等が十分に保障されたとは言い難い。大学進学率は全国平均の約半分であり、結果として重大な格差が存在している。

結婚の自由に至っては、いまだ被差別部落出身者を忌避する人々が少なからず存在する。全国各地の意識調査結果や人権相談事例、戸籍不正入手事件が顕著に物語っている。戸籍不正入手事件に関与した調査業者は、戸籍不正入手目的の一つを結婚時の身元調査と裁判所で明確に証言している。これで「結婚の自由」が完全に保障されたといえるだろうか。答えは否である。これは他の章で述べた「全国部落調査」差別事件に関連する裁判の中でも明確になっている。

「答申」は「一見平等とみられる就職、就学、結婚等の社会体制のなかに、いぜんとして厚い差別の壁があり、一般国民のなかにも、地区や地区住民に対して、感情、態度、意識、思想等による偏見が残存していることも指摘しなければならない」との認識を示した。この指摘が今日においても当てはまる現実が存在していることを忘れてはならない。

「答申」の精神・課題はいまも生き続けている。克服する手法が異なるだけである。特別措置から一般施策になっただけであり、活用・改革・創造して「答申」の課題を遂行していくことは、いまも国や地方自治体の責務である。そうしたことを再確認することが答申から半世紀の課題であり、部落差別解消推進法具体化の課題でもあるといえる。

2 「同対審」答申と日本国憲法

◉日本国憲法によって保障された課題

ここで改めて答申と日本国憲法との関係性及びいまも残されている「答申」の最重要課題について述べていきたい。

答申は、先述したようにまずその前文で「いうまでもなく同和問題は人類普遍の原理である人間の自由と平等に関する問題であり、日本国憲法によって保障された基本的人権にかかわる課題である。したがって、審議会はこれを未解決に放置することは断じて許されないことであり、その早急な解決こそ国の責務であり、同時に国民的課題であるとの認識に立って対策の探究に努力した」と指摘し、同和問題を「日本国憲法によって保障された」課題であると明記している。

これまでこの引用部分で最も重視されたのは、「その早急な解決こそ国の責務であり、同時に国民的課題である」というところであったが、日本国憲法が「答申」の基盤であることも極めて重要な点である。

◉部落差別が現存するかぎり積極的に推進

さらに「第3部　同和対策の具体案」でも「これまでの同和対策は、明治維新の際の太政官布告を拠りどころとするものであって、それはそれなりに無視することのできない意義をもっていた。けれども現時点における同和対策は、日本国憲法に基づいて行なわれるものであって、より積極的な意義をもつものである。その点では同和行政は、基本的には国の責任において当然行なうべき行政であって、過渡的な特殊行政でもなければ、行政外の行政でもない。部落差別が現存するかぎりこの行政は積極的に推進されなければならない」と明記し、「日本国憲法に基づいて行なわれるもの」との認識を示している。まさに日本国憲法によって保障された部落差別撤廃の課題を、日本国憲法に基づいて解決するために答申が出されたのである。

以上のように「答申」は、日本国憲法第一四条の「すべて国民は、法の下に平等であつて、人種、信条、性別、社会的身分又は門地により、政治的、経済的又は社会的関係において、差別されない」をはじめとした多くの条文を具現化した文書なのである。

また「答申」で「過渡的な特殊行政でも」なく、「部落差別が現存するかぎりこの行政は積極的に推進されなければならない」と指摘され、部落差別解消推進法が施行されているにもかかわらず、行政機関によっては「積極的に推進」せず、「過渡的な特殊行政」になってしまっていると指摘せざるを得ない現実が存在していることも事実である。

◉憲法尊重擁護義務を負う人々の怠慢

憲法第九九条では、「天皇又は摂政及び国務大臣、国会議員、裁判官その他の公務員は、この憲法を尊重し擁護する義務を負ふ」と明記されている。日本国憲法の最大の目的は、人権の尊重と擁護であり、そのために国民が権力を持つ人々へ指示した文書だということが第九九条から読み取れる。だからこそ第九九条の憲法尊重擁護義務に「国民」が含まれていないのである。

「国民」には、第一二条で「この憲法が国民に保障する自由及び権利は、国民の不断の努力によつて、これを保持しなければならない」と規定しており、「人類普遍の原理である人間の自由と平等に関する」同和問題の解決を国民的課題とし、「国民の不断の努力」を求めたのである。

「同対審」答申は、日本国憲法を具現化するために、部落差別を撤廃する具体的政策や方針を内閣をはじめとする行政機関に示した文書である。また主権者としての国民に対しても国民的課題であることを明確にした歴史的文書である。

以上の視点に立って考えるとき、最も重大な問題は、「答申」に明記されているにもかかわらず、部落差別を撤廃する社会システムである立法措置を十分に実現できなかったことである。

◉差別を生み出す「原因」の撤廃を

「答申」は、先述したように『差別事象』に対する法的規制が不十分であるため、『差別』の実態およびそれが被差別者に与える影響についての一般の認識も稀薄となり、『差別』それ自体が重大な社会悪であることを看過する結果となっている」と明記し、「具体的方策」として「(Ⅰ)差別事件の実態をまず把握し、差別がゆるしがたい社会悪であることを明らかにすること」「(Ⅱ)差別に対する法的規制、差別から保護するための必要な立法措置を講じ、司法的に救済する道を拡大すること」と明確に述べている。「答申」のこの部分は、部落差別撤廃システムを構築していく上での中心となるところである。しかし半世紀以上経った今日においても差別に対する法的規制、差別から保護するための必要な立法措置は講じられていない。

先に引用したように「『差別事象』に対する法的規制が不十分であるため、(中略)『差別』それ自体が重大な社会悪であることを看過する結果となっている」ような状態で部落差別の完全撤廃ができないことはいうまでもない。

「答申」をふまえて制定された同和対策事業特別措置法によって、一定の同和地区の環境改善をはじめとした低位性は克服されたが、それは部落差別の現象面の克服であって、現象を生み出す「原因」の撤廃には十分に結びついていない。

◉結婚時等の差別の壁はなくなったか

「答申」は「一見平等とみられる就職、就学、結婚等の社会体制のなかに、いぜんとして厚い差別の壁があり、一般国民のなかにも、地区や地区住民に対して、感情、態度、意識、思想等による偏見が残存していることも指摘しなければならない」との認識も示した。この指摘が今日においても十分に克服されていない。

「答申」五〇年目に当たる二〇一五年八月一一日の直前である八月八日・九日に行った大阪市民を対象にした電話による意識及び認識調査でも、その現実が顕著に現れている。サンプル数は六八八で選挙等の世論調査では有効な数字である。

結婚に関して「あなたは同和地区の人たちが、結婚するときに反対されることがあると思いますか」との問に、「しばしば反対されることがあると思う」が三〇・五%で、「たまに反対されることがあると思う」二九・九%、「反対されることはないと思う」二三・三%、「わからない」一六・三%になっている。「しばしば」と「たまに」を合わせると六〇・四%に達する。

回答者は五〇歳代以上の人々が多くを占めるが、二〇〇〇年、二〇〇五年、二〇一〇年と五年ごとに実施されてきた大阪府民意識調査と大きな開きはない。

また「あなたは同和地区の人たちが、低く見られたり、悪く見られたりすることがあると思いますか」との問に、「しばしばあると思う」が二〇・三％で、「たまにあると思う」二九・一％、「ないと思う」三二・八％、「わからない」一七・七％になっている。これも「しばしば」と「たまに」を合わせると四九・四％になっており、約半数の人々がそのように認識している。

◉最も重要な立法措置が実現していない

こうした現状で「答申」が指摘した「一般国民の（中略）偏見が残存している」状況が十分に払拭されたといえるだろうか。残念ながら否といわざるを得ない。

以上のような差別意識を克服し、差別事件や差別実態を克服するためには、これらの現象を生み出す原因を撤廃することが求められる。それは差別社会システムを除去するだけではなく、差別「撤廃」社会システムを構築することである。その中心は「答申」が述べているように「差別に対する法的規制、差別から保護するための必要な立法措置を講じ、司法的に救済する道を拡大すること」である。

しかしその最も重要なことが半世紀以上が経ったいまも実現していない。差別が法的に許されないことを明確にすることは、差別が「違法性」を持つことを明確にするだけではなく、差別撤廃にとって多面的なプラスの影響を与える。それは単に法的な側面だけに止まらない。すでに国内法でも一九九九年一二月一日に施行された改正職業安定法第五条の四とその指針で、採用時の差別と身元調査が原則的に規制された。こうした法制度によって部落差別をはじめとする全ての就職差別が禁止された。この規定は企業の採用システムに多大な影響を与えた。

このように分野によっては法的措置が成立しているが、その総合的・基盤的な立法が実現していない。それが実現すれば部落差別の現象面である差別意識や事件、実態の改善につながるだけではなく、これらの現象を生み出す差別社会システムという原因の除去にも大きくつながる。

◉いま一度「同対審」答申の精神に立ち返れ

さらに国レベルの一九九六年五月一七日に内閣総理大臣等に提出された地域改善対策協議会意見具申では、「同対審答申は、『部落差別が現存するかぎりこの行政は積極的に推進されなければならない』と指摘しており、特別対策の終了、すなわち一般対策への移行が、同和問題の早期解決を目指す取組みの放棄を意味するものでないことは言うまでもない。一般対策移行後は、従来にも増して、行政が基本的人権の尊重という目標をしっかりと見据え、一部に立ち遅れのあることも視野に入れながら、地域の状況や事業の必要性の的確な把握に努め、真摯に施策を実施していく主体的な姿勢が求められる」と述べられている。いま一度この精神に立ち返ることが求められているのではないだろうか。

第六章 部落差別解消推進法施行の意義と今後の課題

1 推進法が施行された目的

◉現在もなお部落差別が存在する

二〇一六年一二月九日、参議院本会議で「部落差別の解消の推進に関する法律」(以下「部落差別解消推進法」、または「本法」という)が賛成多数で可決・成立し、同年一二月一六日公布・施行された。本法制定は部落差別撤廃にとって大きな意義を有するものであるが、これは部落差別撤廃にむけた第二ステージの始まりにすぎないことも明確にふまえる必要がある。

部落差別解消推進法は、全ての法がそうであるように差別撤廃にとって十分な法律ではない。男女雇用機会均等法が改正されながら強化・整備されていったように、今後も改正や他の差別撤廃法制定の動きを創造することも重要である。

不十分な法律だから否定する考え方や問題のある法律だという捉え方も間違っている。法は世論や国会における政治的力関係の中で制定される。いかなる法律もそれらの現実を無視してできない。それは閣法であっても議員立法であっても同様である。本法が部落問題が軽視されるような風潮の中で成立した点を積極的に受け止めることが、今後の部落差別撤廃にとって重要だということを認識すべきである。

◉部落差別解消推進法が成立した意義

「部落差別」という言葉がはじめて法制度の名称に使用されたのは、先述した一九八五年三月二〇日に大阪府議会で成立し、同年一〇月一日に施行された「大阪府部落差別事象に係る調査等の規制等に関する条例」（以下「規制条例」という）であり、国会で制定される法律においてははじめてである。

部落差別解消推進法が成立した第一の意義は、法的には努力義務の条文が多い法であっても、部落差別撤廃を明確に目的に据えた法律ができた意義は極めて大きい。「部落差別」という文言を法律の名称に使用し、その第一条（目的）に「現在もなお部落差別が存在する」ことを明記し、今日においても重要な課題であることを再確認している点である。

現在においても部落差別が厳然と存在しているにもかかわらず、一部の地方公共団体や政党・団体において、部落差別は過去の問題であるといった誤った捉え方が横行し、部落差別撤廃の取り組みを大きく後退させた。

それらの誤った見解や姿勢を国会において、法律で明確に否定した意義は極めて大きい。部落差別撤廃に取り組む出発点は、部落差別の存在を認めることであり、差別事件や差別意識、差別実態を正確に把握することである。それらを本法において条文で明記したことは最も重要な点である。

◉大阪府部落差別調査等規制等条例の内容

先述した規制条例では、まず大阪府が条例目的を達成するために「啓発」を行い、「調査業者」が自主規制を行って、その「自主規制」に反した場合に行政指導としての「指示」が出されるものである。その指示に従わなかったときに、行政規制としての「営業停止」等が命じられ、その命令に違反した場合に行政罰まで進むのである。

端的にいうなら「啓発」→「自主規制」→「行政指導（指示）」→「行政規制（営業停止）」

↓「行政罰（懲役又は罰金）」という流れである。このように極めて緩やかな規制条例である。それでも部落差別身元調査や「部落地名総鑑」を規制するのに一定の効果を発揮したことはいうまでもない。

それ以上に日本ではじめて条文の中に「部落差別」という文言が取り入れられた規制条例が制定されたことによる部落差別を抑止する効果は大きなものであった。部落差別調査等の限定した内容の条例であっても、一定の部落差別行為を法的に規制した意義は大きかった。

◉差別の法的基準を引き上げた

また部落差別身元調査や「部落地名総鑑」の作成・販売など、差別の営利行為に対して、その違法性を国内ではじめて法的に明確にし法規制を打ち出した点は、部落差別行為全体が法的に許されないことであることを明確化することにもつながった。部落差別身元調査による潜在的な犠牲者が泣き寝入りせざるを得なかった状況から脱して、堂々とその違法性を主張できる法的根拠ができた点は極めて大きなものであった。

法制度は社会システムの中心であり根幹である。規制条例が差別基準を明確にし、引き上げた点にも大きな意味があった。また規制条例の制定は、部落差別調査に対する不法行為に基づく損害賠償請求訴訟にも積極的な影響を与えるものとなった。

それでも規制条例は、あくまでも条例であり大阪府内に限定されたものである。しかし部落差別解消推進法は国会で定められた法律である。日本国内全域に適用されるものでありその意義は極めて大きい。

◉法は人の行為を変え、態度・心を変える

後述するように部落差別解消推進法は、国や地方公共団体の差別撤廃のための相談体制の整備や教育・啓発の法的義務や努力義務を明記している。法規範ができたことはそれだけでも大きな啓発効果をもつ。法規範は最も強い社会規範であり、その制定そのものが人々の意識に与える影響は大きい。「社会規範」と人々の「差別意識」や「人権感覚」は密接に結びついている。「男女雇用機会均等法」やその後の改正法が制定されたことによって、多くの人々の女性差別への意識・感覚は大きく変わった。「あなたの行為は法律に違反している」といえば態度が大きく変わり、意識も徐々に変化していく。まさに国際法学者のオスカー・シャクターが述べたように「法は人の行為を変え、行為は人の態度を変える。さらに心を変える」という視点からも法制定の啓発効果は大きいといえる。

さらに「社会規範」は、「人」と「人」との「関係」を着実に変えていく。差別問題においても「差別・被差別の関係」から「平等な関係」に切り替えることができれば、差別は撤廃される。これらの「関係」に密接に関わっているのが、あらゆる分野、あらゆる層の社会システムである。

◉男女雇用機会均等法の歴史に学べ

例えば「男女雇用機会均等法」が、一九八六年四月一日に施行されたことによって、職場における男性と女性の関係は少しずつ変わってきた。その後の「改正男女雇用機会均等法」（一九九九年四月一日施行）や「新改正男女雇用機会均等法」（二〇〇七年四月一日施行）によって、男性と女性、女性と事業主の関係は大きく変わってきた。男女平等教育を行ってもなかなか変わらなかった男性や女性の意識、事業主の意識が着実に変化してきた。多くの男性（時には女性）が日常的に行っていたセクシュアルハラスメントが、「改正男女雇用機会均等法」というシステムが成立してから大きく改善された。

まさに「均等法」という社会システムが人と人、男性と女性の「関係」を変えつつあり、「差別・被差別の関係」を少しずつではあるが差別撤廃の方向に変えようとしている。

つまり、先に述べたように「社会システム」と人と人との「関係」、「意識・感覚」、「基準」はすべてリンクしており、「社会システム」が変われば、「基準」や「意識・感覚」が改善され、「関係」も変わる。逆に「意識・感覚」が改善されれば「基準」や「社会システム」、「関係」も大きく前進する。こうした視点をふまえれば部落差別解消推進法という「社会システム」、「社会規範」が制定された意義は極めて大きいといえる。

◉部落差別のない社会を実現することを目的に

また第一の意義とも関連して、部落差別の完全撤廃を目的にすることを条文で明確に述べている点である。本法第一条で「部落差別の解消を推進し、もって部落差別のない社会を実現することを目的とする」とその目的を高らかに謳《うた》っている。同和対策審議会答申（以下「答申」という）（一九六五年八月十一日提出）の精神・内容からいえば当然の条文だといえるが、これまでの法律では実現しなかった。

ちなみに一九六九年七月一一日に施行された同和対策事業特別措置法（以下「特別措置法」という）の第一条では「この法律は、すべての国民に基本的人権の享有を保障する日本国憲法の理念にのっとり、歴史的社会的理由により生活環境等の安定向上が阻害されている地域（以下

『対象地域』という。）について国及び地方公共団体が協力して行なう同和対策事業の目標を明らかにするとともに、この目標を達成するために必要な特別の措置を講ずることにより、対象地域における経済力の培養、住民の生活の安定及び福祉の向上等に寄与することを目的とする」と記されていた。この「特別措置法」では部落差別という言葉は使用されず、法律の目的も部落差別撤廃を明記することなく、「対象地域における経済力の培養、住民の生活の安定及び福祉の向上等に寄与することを目的」とするものであった。当時の被差別部落の劣悪な生活環境の改善が喫緊の課題であったことが大きな背景であり、一定の役割を果たしたことはいうまでもないが、その目的に部落差別の撤廃を明記しなかった。

◉「部落地名総鑑」の法的規制すらない

前章で述べた「答申」の視点をふまえ、今後の部落差別撤廃行政の方向を確立しなければ本法の目的は達成できない。その意味で本法の施行は、第一ステージの始まりが「答申」だとすれば、第二ステージの始まりだといえる。

いまだに「部落地名総鑑」の法的規制がなされていない状況等を厳しく捉える必要がある。「地名総鑑」事件は一九七五年に発覚した事件であり、「答申」から一〇年後の事件である。

そして現在は事件から四〇年以上が経過している。しかしいまだに国際的な責務でもあり、政治責任、行政責任になっている人権侵害救済法や差別禁止法は成立してない。部落差別が完全に撤廃され、部落差別に基づく人権侵害が発生していないなら部落差別を対象に含む法の必要はないが、ネット上をはじめ差別扇動、差別記述は横行している。また人権侵害救済に関わる法の必要性は、「答申」だけでなく人権擁護推進審議会も同様の答申を二〇〇一年五月二五日に明らかにしている。二一世紀に入ってから出された同様の答申ですら実行されていない。これらの課題は本法が施行されたことによって阻却される課題ではない。今後の明確な解題でもあることを忘れてはならない。

2 国及び地方公共団体に相談体制の整備義務

◉情報化の進展にともなって差別も変化

第二の意義は、「国及び地方公共団体の責務」の存在を法律の条文で明確に記した点である。条文の中で「全ての国民に基本的人権の享有を保障する日本国憲法の理念にのっとり、(中略)部落差別の解消に関し、基本理念を定め、並びに国及び地方公共団体の責務を明らかにするとともに、相談体制の充実等について定めることにより、部落差別の解消を推進し、もって部落差別のない社会を実現することを目的とする」（第一条）と記している。これらも「答申」の精神・内容を明確に継承したものである。

第三の意義は、第一条で「情報化の進展に伴って部落差別に関する状況の変化が生じている」ことを明記し、ネット上の悪質な部落差別事件の現状も明確にふまえている点である。一般的に法律の第一条は、「手段」と「目的」と「大目的」を書き込むことが多く、法律全体の要約的なものであり、部落差別解消推進法第一条の中で上記の内容を明確に謳っていることは重要なことである。

先の章で述べたように二〇一六年はじめに部落解放運動や部落差別撤廃行政のこれまでの成果を大きく覆すような電子版「部落地名総鑑」ともいえる「全国部落調査」復刻版がネット上に掲載されているという驚愕《きょうがく》するような事実がある。その内容を現実空間で出版しようといった動きまであったことが判明した。それらは部落解放運動の取り組みによって、出版差止めの仮処分が横浜地裁で出されたが、本裁判はいまも続いており予断を許さない状況にあることに変わりはない。

こうした事実以外にもネット上には差別や差別扇動が溢《あふ》れている。今後ますます電子空間が社会生活の中で重要な位置を占めてくればサイバースペース（電子空間）差別事件やサイバースペースを悪用した事件がさらに増加する可能性が高くなる。まさに情報化の進展にともなって差別の様相も変化してくるといえる。そうした点を第一条で取り上げた意義も大きい。

◉相談体制の充実を図ることを明記

第四の意義は、相談体制の充実を図ることを第四条で明記していることである。第四条は「国は、部落差別に関する相談に的確に応ずるための体制の充実を図るものとする。2　地方公共団体は、国との適切な役割分担を踏まえて、その地域の実情に応じ、部落差別に関する相談に的確に応ずるための体制の充実を図るよう努めるものとする」と謳い、国と地方公共団体に相談体制の充実を求めている。

上記の条文では、国は「図るものとする」であるが、地方公共団体には「努めるものとする」となっており、「図るものとする」や「図らなければならない」とはなっていない。努力義務であっても、市民の相談体制の充実を求める声が大きくなれば、この条文は大きな効果を発揮する。以下の条文も同様の規定であり、不十分な面はあるが、それはこれらの条文の具体化を求める部落解放運動や市民運動の取り組みで補強しなければならない。

さらに相談体制の充実は、相談者の問題を解決するにとどまらず、多くの積極的な面をもつ。かつて拙著でも記したが、人権相談は以下に紹介するような機能や役割を持ち、部落差別撤廃にとって重要な条文だといえる。

◉多くの機能を持つ人権相談システム

まず人権相談システムのもつ機能の中で、第一に実態把握機能を上げることができる。差別や人権侵害の現状を把握する場合、実態調査や意識調査を実施し、差別事件や人権侵害を集約して、それぞれの結果分析を行ってきた。これからもこうした手法が有効であることはいうまでもないが、より現実感をもって実態を提示してくれるのは、個々の人々からもたらされる具体的な相談である。人権相談から差別や人権侵害の現実が鮮明に描き出されることは少なくない。統計数字には表れないが、具体的な相談から差別事件の真相や社会の矛盾が明確になり、それらの内容から実態調査や意識調査の項目や結果の分析視点も提供される場合が多くある。

近年、児童虐待やDVが大きな社会問題になっているが、これらが社会的な問題として認識されるようになったのはNPOや行政機関が受けてきた個々の相談からである。相談を受けている人々や相談に来る人々は、個々であってもほとんどの場合、社会的な事柄と密接に結びついている。それらの相談が集約されることによって、個々の相談ではなく、社会的な傾向として把握される。

◉人権相談は最も新しい現実を提示

さらに人権相談は最も新しい現実であり、生のデータである。実態調査や意識調査では把握することができない現実が提示されることも決して少なくない。

これからの部落差別撤廃行政を推進していく場合、本法でも明記されている部落の現実を正確に把握することが、これまでにも増して重要である。人権相談は実態把握の最前線であり、最も有効な手段といえる。他の意義とも重なる部分があり、相談体制を整備することは最重要課題であり、以下にも示す機能を備えた相談体制を構築する必要がある。

第二に人権相談には具体的な問題を抱えた相談者がおり、その問題を解決するために相談機関に来ているのである。相談者は実態を把握してもらうために来ているのではない。相談者はどのような解決方法があるのかというアドバイス等を期待して来ているのであり、人権相談は解決方策を提示していくという機能を担わなければならない。

第三に人権相談システムは相談内容や相談内容に対する解決方策を蓄積する機能も併せ持

つ。個々人が個々の人権相談に乗っている段階では、解決方策は相談に乗ってもらった相談者とその解決方策を考えた被相談者のものにしかならない。それがより幅広いシステムになることによって、多くの人々の相談内容と解決方策が蓄積される。

それらのデータが集積されることによって、先に示した実態把握機能がより高まり、解決方策提示機能もより高まる。過去の相談内容と解決方策を活用できるということは、現実の人権相談により的確に対応することができ、人権相談システムの強化にもつながる。

◉データ集積やネットワーク創造を持つ

第四に上記のようなデータ集積機能は、相談内容と解決方策を蓄積していくことであるが、データの蓄積だけではない。具体的な人権相談に対応するということは、多様な相談者が数多くアクセスしてくるということでもあり、それらの相談者のネットワークの構築につながっていく。人権相談の内容には差別を受けた相談や人権侵害を受けた相談だけではなく、教育相談、生活相談、医療相談、法律相談なども含む。そうした多様な問題を抱える人々によって、自身の問題解決を通じて、人権相談システムを中心としたネットワークが構築されていく。また相談者の問題を解決するためにもネットワークが創られていく。多種多様な人権相談に対応するためには一つの機関だけでは不可能であり、行政機関や多くのＮＰＯをはじめ、多くの専門機関のネットワークが必要になってくる。現実にもこれまでの相談によって、地方公共団体によっては事実上のネットワークができている。

第五に具体的な人権相談に対応するためにはネットワークとともに、コーディネート機能が必要になる。個々の相談に的確な解決策を提示するためには、一つの施策だけでは無理な場合が多い。多くの施策を組み合わせて解決策を提示しなければ具体的な相談に的確に対応できない。

一つの施策では効果を発揮しないものでも、複数の施策を講じることによって相乗効果を生み出すものもある。それは施策だけではなく、例えば人権相談にもカウンセリング型相談とケースワーク型相談のようなものが存在する。解決策をパッケージのように提示できるケースワーク型のものもあれば、相談者に寄り添って解決を考えていくといったカウンセリング型のものも存在する。それらの相談方法をうまく組み合わせていくコーディネート機能も求められている。

◉政策提言の基盤となる具体的事例を明らかに

第六に個々の人権相談に対応していると現行施策やシステムだけでは相談内容を解決できないことも多くある。相談者に表れた社会矛盾を解決するためには、現行の施策やシステムを改革しなければできないということや、新たな施策やシステムを創らないと解決できないということも数多くある。このように具体的な人権相談を通じて人権実現のために必要な政策とはどのようなものかということが浮かび上がってくる。

つまり、人権相談システムには、その本来の役割を通じて政策提言機能が必要になり、相談を通じて具体的な現実を把握していることによって、的確で強力な政策提言機関になり得る。本法の中で相談体制の構築を重視するのは、以上のように部落差別の現実を個々の相談を通じて把握することができ、それが今後の部落差別撤廃の方向や具体的施策の提言に結びつくからである。

◉部落解放運動の課題も指し示す

第七に人権相談システムから発せられた政策提言の多くは部落解放運動の課題にもなる。運動体自身が人権相談システムの一翼を担うことはいうまでもないが、そのような相談システムから提起される課題は、これまでにも部落解放運動の課題になってきており、これからの部落解放運動にとっては現実の多様化とも相まってより重要だといえる。

個々の相談を通じて部落差別に関わる社会矛盾を明らかにし、それらの矛盾を克服するために部落解放運動が展開されてきたのである。よって相談機能が弱まれば、課題設定機能も弱体化し、部落解放運動の社会変革エネルギーも弱まる。

特に、本法で義務づけられている実態調査や意識調査の実施と人権相談システムの運動課題設定機能はますます重要になってくる。

第八に個々の相談を解決していく営みは、人材育成にもつながる。相談者は自身の問題を解決していくことを通じて、その経験が同様の問題で悩む新たな相談者のアドバイザーとして生きる。このように自身の問題克服への経験をいかしてカウンセリングすることをピアカウンセリングという。人権相談システムはこのような機能も持つ。

個々の相談を受ける人々も、その経験を通じて相談を受ける力量やそれらの相談内容を解決していく力量もアップする。相談内容は千差万別であり、同じような内容であっても条件等が少しずつ異なり、相談を受ける側にとっては、日々の相談内容がケース・スタディーであり、相談の力量アップを図る研修という側面を持っている。

◉自己実現を支援し立法事実も提示

第九に個々の相談を解決していくことは、相談者の自己実現を支援していくことにもなる。個々の願いや欲求は、個々の相談内容に表れるものであり、その支援策も個々に合わせたオーダーメイドでなければならない。

自己実現とは、自己認識、自己決定、自己変革、社会参加、社会変革といったプロセス全体であり、相談内容もこれらのどの時点のものかによって、その対応も異なる。人権相談システムは、これらの相談内容に対応していくことによって、自己実現支援機能を担っている。被差別部落出身者にとって、部落差別という壁が自己実現を妨げている場合があり、出身者個々の視点に立てば、最も重要な機能といえる。

第一〇に今後の法的課題とも関わって、立法事実を提示するという重要な機能を持つ。立法事実とは、立法の必要性を根拠づける社会的、経済的な事実である。具体的な相談が集積され、それらの分析を通じて社会に政策発信をすることは、人権確立社会を実現していく上で重要な課題である。このように人権相談システムは立法事実提示機能を持つ。

である。

◉大阪府同対審答申が示した相談体制の構築

以上のような機能を持つ相談体制の構築が、本法の目的を実現するための重要な課題の一つである。

また相談体制の構築のために二〇〇一年九月に出された大阪府同和対策審議会答申（以下「府答申」という）は重要な提起をしている。以下に紹介しておきたい。「府答申」は今後の同和行政の目標を「①府民の差別意識の解消・人権意識の高揚を図るための諸条件の整備。②同和地区出身者の自立と自己実現を達成するための人権相談を含めた諸条件の整備。③同和地区内外の住民の交流を促進するための諸条件の整備を図ることが必要である」と述べている。

この中でも「同和地区出身者の自立と自己実現を達成するための人権相談を含めた諸条件の整備」は特に重要であり、「府答申」は、「人権にかかわる相談体制の整備」に言及し、「府は、人権侵害に直面した府民が自らの主体的な判断に基づいて課題の解決ができるよう支援がなされ、迅速かつ適切な人権保護・救済を受けることができるという視点に立って、人権擁護に資する施策を進める必要がある」と明記している。

また、「このため、人権にかかわる問題が生じた場合に、身近に解決方策について相談できるよう、行政機関をはじめ、NPO・NGO等さまざまな関係機関において、人権侵害を受けまたは受けるおそれのある人を対象とした人権相談活動のネットワークを整備していくことが求められる。その際、人権にかかわる相談には、さまざまな要因が絡み合っているものも少なくないことから、解決のための手だてを本人が主体的に選択できるようにする必要があり、そのためには、きめ細かな対応を行うため、当事者どうしがお互いに理解し合いながら自立生活に向けて支援する相談等の実施や、地区施設における相談機能の充実も含めて、複合的に幅広く相談窓口を整備していくことが求められる。

また、自らの人権を自ら守ることが困難な状況にある府民については、相談窓口から個別の施策や人権救済のための機関へつなぐことも重要である。

府においては、こうした観点から、関係機関の協力を得ながら具体的な人権相談を実施している機関相互間の連携体制の確立、人権相談を受ける相談員の技能向上等を図る人材養成、具体的な事例をもとにした人権相談に関するノウハウの集積などを図り、人権に関する総合的な相談窓口機能を整備する必要がある」と明確にしている。全国的にも参考にすべき内容である。

◉信頼されていなかった公的相談機関

相談体制に対して以上のように詳細に述べたのは、以下のような過去の調査結果が存在するからである。現在の法務省・法務局の人権擁護システムでは極めて不十分である。

二〇〇〇年に行われた大阪府部落問題実態調査の中の「同和地区内意識調査」では、「差別を受けた後、どのように対処したか」という質問に対し、「行政（人権擁護委員等を含む）に相談（連絡）した」と回答した人が一・二％だけとなっており、一〇〇人に一人強しか相談（連絡）していない現状が明らかになった。

部落差別を受けた被害者である部落出身者の九八・八％が、公的機関に対処・救済を求めていないことが分かる。つまり、これまでの人権救済機関が部落出身者からほとんど信頼されていないということであり、これが最も深刻な問題である。

これは部落出身者に限らず、他の被差別者も同様の数値である。法務省・法務局の人権擁護システムの歴史と今日の状況を見れば、機能不全に陥っていることが一目瞭然である。

こうした状況を克服するような本法に基づく相談体制が求められているのである。

◉信頼できる相談機関に人々は集まる

これから構築されようとしている人権相談システムが、法務省・法務局の人権擁護システムと同じような歴史を歩むことがないように十分注意していく必要がある。

二〇〇〇年一月号の『法学セミナー』（日本評論社）に掲載した拙稿でも述べたが、実効的な相談・救済機関ができれば持ち込まれる人権侵害事案は飛躍的に増加する。米国ＥＥＯＣ（米国雇用機会均等委員会）のセクハラ事案の取り扱いが、ガイドラインの明確化等とともに飛躍的に増加していることを考えるなら、信頼できる実効的な人権相談システムが構築されれば人権相談件数は飛躍的に増加する。

古いデータであるが、米国のセクハラの被害者は、ＥＥＯＣに救済を求めた後、民事訴訟を起こすことができるようになっている。ＥＥＯＣに持ち込まれたセクハラ事案は一九九一年で六八八三件、一九九六年で一万五八八九件となっている。ＥＥＯＣがセクハラのガイドラインを発表したのは一九八〇年、そのガイドラインが法的禁止のレベルになったのが、一九九一年の公民権法改正からである。

つまり上記の二つの事例からいえることは、潜在的な人権侵害は膨大な量があり、確かな人権相談・救済機関と明確な基準があれば、それらの潜在的な人権相談・侵害事案が人権相談・救済機関に持ち込まれてくるということである。

◉電子空間上の人権侵害にも対応を

さらに、時代とともに変化・発展していく人権基準や人権相談内容に合致した人権相談システムを創造していくことも重要である。

人権問題は社会の進歩、科学技術の進歩とともに、より高度で複雑で重大な問題になっていく。それらのより高度で複雑で重大な人権問題に対応していくことも求められる。

今日、インターネット上で多種・多様な人権侵害事象が発生しているが、四半世紀前には考えられなかった問題であり、このような問題にも的確に対応するシステムが必要である。法務省でも一定の努力がなされ、ネット相談等を実施するようになったが、まだまだ実効性を持つに至っていない。

例えば部落差別解消推進法の第一条にも明記されたようにインターネット環境下の部落差別事件に対しては、現実空間を前提としたこれまでの取り組み方では不十分であり、これらの特性をふまえた新たな取り組み方が求められている。一部の地方公共団体でネットモニタリング等の取り組みがなされていることに学び、多くの地方公共団体でも情報化の進展をふまえた新たな取り組みが必要になっている。

情報化の進展とともに、時代のスピードが速くなればなるほどそれに対応した人権相談システムが求められているのである。進化する人権相談システムの構築も重要な課題である。

3　部落差別撤廃教育・啓発を推進するために

◉教育・啓発の明確な根拠ができた

第五の意義は、部落差別意識を撤廃していくための教育・啓発の明確な根拠ができた点である。第五条では「国は、部落差別を解消するため、必要な教育及び啓発を行うものとする。2　地方公共団体は、国との適切な役割分担を踏まえて、その地域の実情に応じ、部落差別を解消するため、必要な教育及び啓発を行うよう努めるものとする」と記し、第四条と同様の努力義務の文末である。それでも部落差別撤廃教育いわゆる同和教育を推進する大きな根拠となる。現在、特別措置法失効以前と比較して同和教育の取り組みは大きく後退している。

同和教育の取り組みが大きく前進した原動力は、「答申」や特別措置法であり、部落解放運動や全国的な同和教育運動のパワーであった。それらの原動力のなかでも特別措置法の失効や運動の後退が、同和教育の弱体化につながった。

部落差別解消推進法では同和教育に関して条文のように明確に謳われており、学校教育や社会教育において同和教育を推進するための国と地方公共団体の役割を明確に記したことは差別意識撤廃に積極的な役割を果たす。

◉差別意識の正確な把握と教育内容の明確化

以上のことを具体化していくためには、「部落差別を解消するため、必要な教育及び啓発」の概念を明確にする必要があり、差別意識の現状を正確に把握する必要がある。

これまで「人権教育のための国連一〇年行動計画」の中で人権教育の概念は、以下の四つの側面として整理されてきた。

第一の側面は、人権についての教育（education on or about human rights）であり、人権について教えること、学ぶことである。私たちが日常的に人権教育という場合、この側面の人権教育を指しており、狭い意味での人権教育ということができる。

第二の側面は、人権のための教育（education for human rights）であり、人権を守り育てる態度をもった個人を育て社会をつくることを目的にした教育という側面である。一人ひとりが自己実現していくことを通して人権が尊重される社会の確立につながるという考え方であり、そのための人権教育である。

第三の側面は、人権としての教育（education as human rights）であり、教育を受けること自体が人権であるという側面である。教育を受ける機会の保障や学びやすい環境を整えることも含む人権教育の概念である。

第四の側面は、人権を通じての教育（education in or through human rights）であり、人権が守られた状態で学習が展開されなければならないという側面である。体罰や人権侵害が教育途上で指摘されることがあるが、決してあってはならないということである。

●差別・人権侵害を救済できる教育を

以上の四つの側面を持つ人権教育を教育現場ではバラバラに捉えているのではないかと思われることがある。第一の側面である狭い意味での「人権についての教育」のみを教育現場の課題と捉え、人権教育の本来の目的を忘れているのではないかと思われることがある。人権教育は現実社会の中から提起される人権課題を解決するために展開されなければならない。部落差別撤廃教育も同様である。部落差別撤廃のための課題を解決するために展開されなければならないのである。

これまで同和教育といえば、部落差別をなくすために差別意識をいかに解消するかということに重点が置かれ、古くからの人権標語である「差別をしない、させない、許さない」という観点でいえば、「差別をしない」という点を中心にしてきた。この視点も重要であることはいうまでもないが、この視点が中心になってしまうと「差別をしない」という「消極的」な側面だけを持つことになってしまう場合があり、人権教育の概念が狭く捉えられ、自身とは関係のない人権教育と認識されることにつながる。

つまり人権侵害の加害者としての自身を克服することのみが重視され、自身の自己実現としての人権教育という認識が希薄になる。多くの大学生の人権教育概念を知れば知るほどその思いを強くさせられる。自身に役立つ人権教育、自己実現に結びつく人権教育、人権侵害を救済できる人権教育であれば、もっと興味深く意欲的に学べる。

◉人権教育や差別撤廃教育の再構築を

「差別をしない」差別撤廃教育から「差別をさせない、許さない」差別撤廃教育、「人権侵害を予防・発見・救済・支援・解決できる」人権教育や差別撤廃教育が求められているのである。それらのヒントは現実の社会に存在する。学校教育現場や地域社会、職場、家庭等の中にあふれている。その一つが現実に生起している差別事件や人権侵害事件である。人権教育や部落差別撤廃教育の目的は、全ての人の人権が尊重され、自己実現できるような社会を創造し、それらを担う人間を育てるためであり、そのためには現実の人権課題が人権教育の原点でなければならない。

相談体制を構築することに関わって最も重要な要素は人であり人権教育や差別撤廃教育である。人権相談に来るのも人であれば、人権相談に対応するのも人であり、人権侵害行為をするのも人であれば、人権侵害をされるのも人である。

さらに、人権侵害を予防し、発見し、支援、救済、解決するのも人である。それらの人権侵害を分析するのも人である。「人材（財）が全てを決する」といわれるが、人権相談や人権侵害救済、人権教育、差別撤廃教育も同様である。

このように考えれば多様な立場の人々に対する人権教育の課題は無数にあり、直接的であろうが間接的であろうが現場で役立つ実践的な人権教育の課題は山積している。しかし、多くの分野で現場から遊離しているのではないかと思われる人権教育が惰性的に行われていることが少なくない。本法施行を契機に人権教育や差別撤廃教育の再構築が必要だといえる。

例えば具体的な人権侵害事例を詳細に分析すれば、数多くの差別撤廃教育課題が鮮明に見えてくる。

どのような人権侵害（内容）が、どのような人（加害者）によって、どのような人（被害者）を対象に、どのような時や場所で、どのような理由・方法で人権侵害がなされているのかを詳細に分析すれば、人権侵害を予防・発見・支援・救済・解決するための多くの教育課題が浮き彫りになる。

◉人権侵害の予防・発見・支援・救済・解決のために

人権侵害の内容も多様であり、その内容によって予防や支援・救済・解決の在り方も多様で、それらを正しく教育されているかいないかによって、人権侵害の予防も解決も大きく異なってくる。予防という分野だけでも人権侵害の多様さに応じて課題があり、それらに発見・救済・支援・解決という分野を含めて考えれば課題はさらに広がり、教育対象者の多様さを考慮すればより一層多くの課題が明らかになる。このように人権教育や差別撤廃教育を考えれば、自身に役立ち自己実現に結びつく人権教育、人権侵害を救済できる人権教育になり興味深く意欲的に学べることになる。受講者のエンパワーにもつながる。

◉人権相談機関と教育機関の連携を

予断や偏見が助長されることになってはいけないが、加害者分析や被害者分析、加害者と被害者の関係分析、相談機関と被害者・加害者の関係分析等から重要な人権教育課題や差別撤廃教育課題が導き出される。そのような意味で人権相談救済機関と人権教育機関の有機的な結び付きが重要だといえる。現実にも部分的にできているが、それらが推進されることによって、人権侵害の克服と教育機関や相談機関に大きなプラスになるといえる。

もし子どもたちの年齢に対応した上記のような視点で教育課題が設定され、そのための教育内容・カリキュラム・教材等が整備されれば、部落差別撤廃だけではなく、いじめや児童虐待等の人権侵害克服にも大きく貢献できる。これは子どもたちだけではない。高齢者をはじめとする社会的弱者が被害に遭っている人権侵害内容等を分析し、解決・支援するための教育課題を設定すれば、サポートする人々もいま以上に貢献できる。

以上のように考えれば人権教育の四つの側面は、一体であることが容易に理解できる。

◉自己実現ができる人権教育を

人権侵害を克服し自己実現するためには、第一の側面である「人権についての教育」で人権について学ぶことが必要であり、人権侵害とは何かということを学ばなくては克服することもできない。

また、第二の側面の「人権のための教育」である人権を守り育てる態度をもった個人を育てる社会をつくることができなければ、人権侵害は後を絶たず予防もできない。

さらに、第三の側面の「人権としての教育」である教育を受けること自体が人権であるという考え方が貫かれていなければ、人権侵害を克服し、予防・救済・支援するための教育も受けることができなくなる。

第四の側面の「人権を通じての教育」は、人権が守られた状態で学習が展開されなければならないという考え方であり、まさに教育途上の人権侵害の克服である。

このように四つの側面の人権教育概念も現実の人権侵害状況を基盤に整理・構築されたものであり、実践的な人権教育を展開するためのものである。

部落差別解消推進法施行をふまえ、人権教育や差別撤廃教育を推進するということはどういうことか、何のために人権の理念や人権及び差別の現状を学ぶのかを明確にする必要がある。

全ての人は人権課題を持っており、それらの克服のために人権教育や差別撤廃教育があり、被差別者のためだけに差別撤廃教育があるわけではなく、全ての人のためにある。

「人権教育のための世界プログラム」において、学校教育における人権教育が重視されたが、学校教育において人権侵害の予防・発見・支援・救済・解決のための実践的な人権教育が推進されれば人権侵害予防に大きく貢献できる。子どもが人権侵害の加害者・被害者というケースも多く、それらの子どもが人権侵害予防や悪化を防ぐためにどのような方法を取ることができるのかを理解していれば、人権侵害予防の取り組みが大きく前進する。

4 正確な差別実態を把握することが出発点

◉実態調査の必要性を明記した意義は大きい

第六の意義は、部落差別の実態に係る調査の実施を明確に記した点である。繰り返しになるが、部落差別撤廃の取り組みの具体的方針は、部落差別の現実から与えられる。第六条では「国は、部落差別の解消に関する施策の実施に資するため、地方公共団体の協力を得て、部落差別の実態に係る調査を行うものとする」と規定されており、明確に部落差別を撤廃する「施策の実施に資するため」との前提条件をつけており、「施策の実施」を行うために実態調査の実施を求めているのである。

この条文は極めて重要な条文である。実態調査の目的は部落差別の実態を把握するためだけに行われるのではなく、「施策に資する」ために行われるのであり、この条文は二つのことを明記している。とりわけ実態調査の実施を明記したことは、今後の部落差別撤廃施策に積極的な影響を与える。その点で警戒しなければならないのは、矮小化《わいしょう》された実態調査にならず、部落差別の全体像を把握できるような本格的なものにする必要がある。

◉実態、意識、事件に関する総合的な調査を

「答申」から半世紀以上が経過したが、「答申」をまとめるために実施された実態調査のような本格的な調査が求められている。

すなわち部落差別に関する実態、意識、事件に関する総合的な調査と分析が必要だということである。例えていうなら名医が患者の治療方針を立案するときに、その前提として詳細な検査をしなければ誤診してしまうことと同じである。詳細な調査と正しい分析、それらを前提とした部落差別撤廃の方針・施策が求められているのである。

以上のためには特別措置法失効後の同和地区概念の混乱を克服しなければならない。

二〇〇二年三月三一日をもって一九六九年に制定された特別措置法から続いた法律は失効

し、そのことによって「特別法に基づく同和地区」指定はなくなった。しかし、それはあくまで特別法の施行にともなう「同和地区」指定がなくなっただけであり、現に存在している部落差別や被差別部落がなくなったわけではない。

もともと特別措置法の有無にかかわらず部落差別や被差別部落が存在し、差別撤廃のために全国水平社をはじめとする部落解放運動が展開され、融和事業を推進する組織として中央融和事業協会まで組織されていた。この時代に特別措置法があったわけではない。特別措置法に基づく同和地区指定が行われたのは特別措置法の施行にともなってである。

◉「同対審」答申のベースに実態調査を実施

一九六五年に「答申」をまとめる前提に全国の部落実態調査が行われているが、その時にも事前に同和地区指定がなされていたわけではない。当時、一定の定義付けのようなものに基づいて同和地区の指定が政府機関によって行われていた。

一九六三年に内閣同和対策審議会が「答申」を出す前提に同和地区全国基礎調査が行われ、四一六〇地区を指定している。当時の「同和地区」の定義は「当該地方において一般に同和地区であると考えられるものをいい、その範囲においても一般に認められる広がり」としており、極めて曖昧な定義をしている。

また、同和地区の定義をするのに「同和地区であると考えられるもの」というおかしな定義をしている。つまり、「当該地方において」被差別部落と考えられているところを「同和地区」としていたのである。

その後、一九六七年には内閣総理大臣官房審議室が全国同和地区実態調査を行い、三五四五地区を「同和地区」と指定し、「同和地区」の定義を「従来から封建的な身分差別を受け、一般に部落民といわれる人びとの集団をいい、地区の範囲は、一般に認められる範囲とする」としており、「地区の範囲」を「一般に認められる範囲」としている。

◉「同和地区」指定と被差別部落

一九六九年に制定された同和対策事業特別措置法は、「対象地域」という表現を使い、「対象地域」の定義を「歴史的社会的理由により生活環境等の安定向上が阻害されている地域」とし、一九七一年に三九七二地区を「同和地区」指定している。

一九八二年に制定された地域改善対策特別措置法も、「対象地域」を同じく「歴史的社会的理由により生活環境等の安定向上が阻害されている地域」と規定しており、一九九三年に四六

○三地区を「対象地域」として指定している。

以上のように定義の仕方はいろいろあるが、行政的指定の在り方によって地区数も変化している。本来、被差別部落の数が減少したり、増加したりするのはおかしなことである。定義からすれば地区数に大きな隔たりがあるのは矛盾があるといえる。それは客観的な被差別部落の数ではなく、行政的な基準によって前後していると解釈すれば理解できる。それでも地区数が増加しているのは大きな矛盾である。地区によっては差別撤廃宣言をしているところもあったが、それを認めたとしても地区数が増加するのは理解しがたい。一九六七年の三五四五地区から一九九三年の四六〇三地区と一〇〇〇地区以上が増加していることは、いわゆる「同和地区」指定と被差別部落がイコールでないことを顕著に示している。

◉「同和地区」はなくても被差別部落は存在している

つまり行政的な「同和地区」指定は行政手法上なされたものであり、この手法上なされた「同和地区」指定がなくなったからといって、被差別部落いわゆる「同和地区」がなくなったわけではない。被差別部落が客観的に存在することはいうまでもなく、行政機関がそれらの現実を正しく受け止めることが部落差別撤廃行政の出発点である。

また、特別措置法の時代においても同和地区指定が行政的に行われる一方で、約一〇〇〇カ所に及ぶ未指定地区（未実施地区）が存在し、被差別部落であるにもかかわらず、特別措置が一向に実施されなかった地区も存在していた。

にもかかわらず行政職員の中には同和地区指定がなくなったことによって、被差別部落までなくなったと錯覚しているものが少なからずおり、被差別部落・同和地区の規定に若干の混乱が生じている。

その混乱に拍車をかけたのが、一部の人たちが主張している部落差別はなくなったという誤った現実認識である。そのような人たちは、部落差別はなくなったのだから被差別部落は存在しないし、存在しない被差別部落を行政機関が認識するのはおかしいという主張である。これらの主張は部落差別解消推進法施行によって明確に否定された。

◉部落差別の現状をどう捉えるか

部落差別撤廃のための取り組みの基本的な前提は、部落差別の存在を明確に認めることであり、それにともなって被差別部落の存在を行政的にも社会的にも認めることである。

それを認めることは行政が部落差別を温存・助長することになるという主張は根本的に誤っ

ている。被差別部落を確認・認識しないことが部落差別を温存・助長させているのである。最も重要なことは部落差別の現状をどう捉えるかということである。あらゆる差別問題に取り組む出発点は差別の存否を含めた現状認識である。各行政機関においても本法施行をふまえ、被差別部落の存在を曖昧にするのではなく、被差別部落の存在を明確に認め、どのように確認・認識するのかという手法について論議を深めていくべきである。そうでなければ本法で明記された部落差別の実態に係る正確な調査もできない。

部落差別の現状を把握する場合、被差別部落はどの地域を指すのかという問題や部落出身者の規定を抜きにしては語れない。また、現状の把握なくして部落差別撤廃行政の正しい方針は立案できない。本法施行を機に多様な部落差別実態調査の手法を確立することも本法の趣旨を活かすことである。

◉最重要課題は部落差別解消推進法の具体化

最後に以上の意義と課題をふまえた上で、部落差別解消推進法の具体化が今後の最重要課題であることを強調しておきたい。それは部落差別解消推進法が、内閣提出の閣法ではなく議員発議の議員立法であり、議員立法の場合、これまでは政府・各省庁が、その法律の目的を実現するために施策立案と施策実施を積極的に行ってこなかった側面があった。そうした点をふまえた本法を完全実施させる取り組みが求められている。また理念法的な面をもち、財政的裏付けを明記していない点も危惧される。

差別撤廃のためには一般的に立法政策上、理念・宣言法や政策法、組織法、啓発・教育法、規制法、救済法等が求められる。部落差別解消推進法はその一部を具現化した法律である。それでも本法が施行された意義が大きいと申し上げたのは以上のような理由である。法律の不十分性を指摘することと、その法律を可能な限り活用して部落差別撤廃を前進させることは矛盾しない。新たな法制定や改正のためには世論形成や明確な立法事実を提示する必要がある。本法を世論形成の大きな一里塚として捉え、実態調査や相談体制の充実によって、立法事実の集積が進めば新たな展望を開くことができる。

障害者差別解消法が二〇一六年四月一日から施行されたが、障がい者差別撤廃の視点から見れば十分ではない。それでも世論や取り組みは大きく前進した。

例えば「不当な差別的取扱いの禁止」は、行政機関も民間事業者も法的義務であるが、「合理的配慮提供の義務」は、民間事業者は努力義務になっている。

条文では第八条2「事業者は、その事業を行うに当たり、障害者から現に社会的障壁の除去を必要としている旨の意思の表明があった場合において、その実施に伴う負担が過重でないときは、障害者の権利利益を侵害することとならないよう、当該障害者の性別、年齢及び障害の状態に応じて、社会的障壁の除去の実施について必要かつ合理的な配慮をするように努めなければならない」となっている。それでも大手民間事業者に与えた影響は大きい。これらは多くの障がい者や障がい者団体の取り組みの成果でもある。この条文も努力義務から法的義務に改正されようとしていることも明らかになっている。

部落差別解消推進法も地方公共団体には努力義務の条文になっているところがある。それらは部落解放運動をはじめとする市民運動の取り組みで克服する必要がある。それは「答申」や特別措置法が制定された時代も同様である。「答申」や特別措置法を活用する部落解放運動があったからこそ前進したことはいうまでもない。

特別措置法は、部落差別撤廃という目的は明記しなかったが、財政的裏付けは明確に示した。その特別措置法と「答申」のセットが、当時の部落解放運動の力強い取り組みによって、被差別部落の環境改善と同和教育、人権教育の大きな前進につながった。

さらに本法では、「答申」で示された「差別に対する法的規制」、「差別から保護するための必要な立法措置」、「司法的に救済する道を拡大すること」は実現していない。それらの点をさらに追求していく必要がある。

あとがき

　本書を執筆しながら時代の加速度的な進歩と劇的な変化を多くの面で感じた。多くの本を出版するために執筆を重ねてきたが、今日ほど時代の速さを感じたことはなかった。本書の執筆と同時並行で『激変する社会と差別撤廃論―部落解放運動の再構築にむけて』『科学技術の進歩と人権―IT革命・ゲノム革命・人口変動をふまえて』『ゆがむメディア　ゆがむ社会』（いずれも解放出版社刊行予定）を執筆してきた。いずれもまもなく上梓されるが、これまで各誌で執筆してきた原稿を整理・加筆・修正しながらの作業であった。とりわけ『科学技術の進歩と人権』の整理・加筆・修正作業を行ってきて、科学技術の進歩の急激な速さに驚くことがしばしばであった。それらの進歩にともなって、多くの分野が劇的に変化していることも自覚させられた。

　かつて核兵器の登場が戦争の様相を大きく変えたように、IT革命にともなう科学技術の進歩が、それ以上の影響を与えようとしている。核兵器の開発は高度な科学技術と多額の財源を必要とする。サイバー攻撃は高度な科学技術も多額の財源も必要としない。

それは財政力や経済力のない国家やテロ集団でも可能であることを示している。かつてサリンが貧者の原爆といわれていたが、サイバー攻撃は貧者の核兵器といえる。これらサイバー攻撃の技術が急激に拡散しているのが現実である。すでにサイバー攻撃を無数に展開している国家も存在している。しかしそれらに対する防御やセキュリティは難しく多額のコストを必要とする。これらのサイバー攻撃には宣戦布告もなければ、いつ終了したかも分からず、現在のところ国際的なルールとしてのサイバー戦時国際法も存在しない。

さらにIT革命の最も重要な成果であるAIも戦争の様相を根本的に変えようとしている。現在、無人爆撃機が実際の戦争や紛争で兵器として利用されているが、これらがロボット爆撃機に変わろうとしている。その他にもAIを搭載したロボット兵器で多くの人々を殺害しようとする試みが始まろうとしている。一般的にキラーロボットと呼ばれており、すでに開発が進んでいる。

まさに戦争においても電子空間が重視される時代に入っている。これを差別に置き換えれば、いま起こっていることがより一層理解できる。差別扇動グループが宣戦布告もなく、闇から差別攻撃や差別扇動を行っているのと同じである。それだけではない。AIを搭載したロボット爆撃機が生身の人間を殺害するように、邪悪な人間の意図の下に差別扇動ロボットが生身の被差別者を対象に差別攻撃をしようとするような時代になりつつある。

こうした時代にキラーロボットを抑制するため国際社会が真剣に取り組んでいるように電子空間上の差別状況をふまえた社会システムの構築をはじめとする種々の取り組みが焦眉の課題になっている。本書を執筆しながら焦りにも似た感覚を覚えた。そうした感覚、危機感を読者と共有できれば幸いである。

本書は、（一社）部落解放・人権研究所が発行している月刊誌『ヒューマンライツ』の連載原稿を整理し大幅に加筆修正を加えたものである。

最後に連載原稿の執筆にあたって、サポートしてくれた部落解放・人権研究所の片木真理子さんをはじめ解放出版社の方々や多くの友人、仲間、そして心身ともに支えてくれた妻の協力によって上梓することができた。心より感謝とお礼を申し上げたい。

二〇一九年五月一二日　羽田空港から大阪空港に向かう上空一万メートルの機内にて

北口末広

北口末広（きたぐち すえひろ）

1956年大阪市生まれ。近畿大学人権問題研究所・主任教授。京都大学大学院修了（法学研究科修士課程）国際法専攻。（一財）アジア・太平洋人権情報センター顧問、（一社）部落解放・人権研究所理事、（一財）おおさか人材雇用開発人権センター副理事長、特定非営利活動法人ニューメディア人権機構理事長、NPO法人多民族共生人権教育センター理事ほか。

著書に『人権相談テキストブック』（共著）、『必携 エセ同和行為にどう対応するか』（共著）、『格差拡大の時代—部落差別をなくすために』（単著）、『ゆがむメディア—政治・人権報道を考える』（単著）、『ガイドブック 部落差別解消推進法』（共著）〈いずれも解放出版社〉など多数

ネット暴発する部落差別
——部落差別解消推進法の理念を具体化せよ

2019年7月10日 初版 第1刷発行

著者 北口末広

発行 株式会社 解放出版社
大阪市港区波除4-1-37 HRCビル3階 〒552-0001
電話 06-6581-8542 FAX 06-6581-8552
東京事務所
東京都文京区本郷1-28-36 鳳明ビル102A 〒113-0033
電話 03-5213-4771 FAX 03-5213-4777
郵便振替 00900-4-75417 HP http://kaihou-s.com/

装幀 鈴木優子

印刷 モリモト印刷株式会社

ISBN 978-4-7592-0120-8 C0036 NDC 360 189P 19cm

障害などの理由で印刷媒体による本書のご利用が困難な方へ

本書の内容を、点訳データ、音読データ、拡大写本データなどに複製することを認めます。ただし、営利を目的とする場合はこのかぎりではありません。

また、本書をご購入いただいた方のうち、障害などのために本書を読めない方に、テキストデータを提供いたします。

ご希望の方は、下記のテキストデータ引換券（コピー不可）を同封し、住所、氏名、メールアドレス、電話番号をご記入のうえ、下記までお申し込みください。メールの添付ファイルでテキストデータを送ります。

なお、データはテキストのみで、写真などは含まれません。

第三者への貸与、配信、ネット上での公開などは著作権法で禁止されていますのでご留意をお願いいたします。

あて先：552-0001 大阪市港区波除 4-1-37 HRC ビル 3F 解放出版社
『ネット暴発する部落差別』テキストデータ係

テキストデータ引換券
『ネット暴発する部落差別』
0120